지나고 나면
이것까지도

하나님의 은혜더라

지나고 나면 이것까지도

하나님의 은혜더라

초판 1쇄 인쇄일 2020년 6월 29일
초판 1쇄 발행일 2020년 7월　6일

지은이 전순봉
펴낸이 양옥매
디자인 임흥순 임진형
교　정 허우주

펴낸곳 도서출판 책과나무
출판등록 제2012-000376
주소 서울특별시 마포구 방울내로 79 이노빌딩 302호
대표전화 02.372.1537　**팩스** 02.372.1538
이메일 booknamu2007@naver.com
홈페이지 www.booknamu.com
ISBN 979-11-5776-915-5 (03230)

이 도서의 국립중앙도서관 출판예정도서목록(CIP)은
서지정보유통지원시스템 홈페이지(http://seoji.nl.go.kr)와
국가자료종합목록시스템(http://www.nl.go.kr/kolisnet)에서
이용하실 수 있습니다. (CIP제어번호: CIP2020026664)

지나고 나면
이것까지도

하나님의 은혜더라

· 전순봉 지음 ·

책과나무

오늘 여기까지 인도하신 에벤에셀 하나님
항상 나와 함께하시는 임마누엘 하나님
시와 찬미와 글로 하나님께 영광을 올립니다.

"우리가 알거니와 하나님을 사랑하는 자 곧 그의 뜻대로 부르심
을 입은 자들에게는 모든 것이 합력하여 선을 이루느니라"
(롬 8:28)

"주의 말씀의 맛이 내게 어찌 그리 단지요 내 입에 꿀보다 더 다
니이다" (시 119:103)

"할렐루야 여호와께 감사하라 그는 선하시며 그 인자하심이 영
원함이로다" (시 106:1)

"나는 여호와로 말미암아 즐거워하며 나의 구원의 하나님으로
말미암아 기뻐하리로다" (합 3:18)

내게 주신 이 말씀으로 나 자신과 환경과 세상을 이기며 살아왔기에, 나의 신앙고백은 '지나고 나면 이것까지도 하나님의 은혜더라'가 되었다.

칠순을 맞이하여 이 책을 엮으면서 한 자 한 자 써놓은 글들을 정리하다 보니, 지금 내 모습 바라볼 땐 부끄럽지만 나를 여기까지 인도해주신 하나님의 사랑에 너무 감사하다.

책이 되기까지는 나의 망설임도 있었다. 아는 목사님께서 글 쓰는 사람은 그 글이 그 사람의 삶이고 인격이라고 하신 말씀이 생각이 나서 많이 망설였다. 그러나 기도하는 중에 지난날에 써놓았던 글을 읽어가면서 나는 결심했다.

하나님께서 주신 은혜, 하나님의 영광을 위해, 하나님 아버지 사랑 나타내기 위해, 내가 믿고 만난 예수를 자랑하라고…. 기도하는 중에 평안과 감사와 기쁨, 내 마음에 감동이 있었기에 응답으로 알고 결심했다.

창세 전에 나를 예정하시고 택하셔서 부르시고 하나님 자녀로 인쳐주시고 오늘 여기까지 인도하신 나의 하나님, 예수 믿고 구원받게 하시고 처음 등록할 때부터 나의 형질과 체질과 연약함을 아시고, 말씀 먹지 않고 기도하지 않고는 못 살겠구나 하시며 새벽부터 말씀 먹고 기도하며 살라고 새벽제단으로 불러주심이 나는 너무 감사했다.

나 같은 죄인을 사망에서 생명으로 옮겨주시고 하나님의 말씀, 영의 양식을 먹고 기도하고 건강하게 하심에 너무 감사해서 감사할 때마다 감사의 글을 써놓은 것이 이 작은 책자가 되었다.

안 되는 것 같고, 아닌 것 같고, 잘못한 것 같고 후회하지만 지나고 나면 '아, 이것도 하나님의 은혜였구나' 고백하며 지금까지 신앙생활하면서 하나님께서 나와 함께하셨던 일, 힘들 때 괴로울 때 내 편이 되시고 주옥같은 말씀 안에서 만나주시고… 감사의 눈물 흘렸던 일, 하나님 만나고 체험하고 느끼고 깨달았던 일, 나의 고백을 나의 신앙고백의 시와 글로 하나님께 영광을 돌리고 내가 받은 은혜를 우리 성도님들과 이웃과 나누고자 이 글을 적어본다.

특별히 우리 자녀들에겐 엄마의 신앙고백을 남기고 싶다. 이 책을 읽으면서 하나님의 살아계심을 인격적으로 만나 하나님 중심의 삶이 되길 기도한다.

이스라엘 백성을 애굽 땅에서 인도하셨던 하나님, 사탄에 얽매였던 나를, 하나님 없이 살았던 나를 부르시고 함께하신 우리 하나님 아버지, 나는 이 글을 쓰면서 눈물로 감사드린다.

겨우 낫 놓고 기역 자만 아는 나를, 비록 작은 책자라도 내게 주신 주님의 은혜의 글로 한 권의 책을 만들 수 있게 은혜 주신 하나님, 나와 항상 동행하시는 성령 하나님께 이 모든 영광과 감사를 올리면서 이 글이 하나님께는 영광이요 영혼 구원하는 일에는 조금이라도 보탬이 되었으면 하고 기도하면서 이 글을 쓴다.

이 글을 통해서 하나님 영광 받으소서.

야고보서 1장 5-8절

"너희 중에 누구든지 지혜가 부족하거든 모든 사람에게 후히 주시고 꾸짖지 아니하시는 하나님께 구하라 그리하면 주시리라 오직 믿음으로 구하고 조금도 의심하지 말라 의심하는 자는 마치 바람에 밀려 요동하는 바다 물결 같으니 이런 사람은 무엇이든지 주께 얻기를 생각하지 말라 두 마음을 품어 모든 일에 정함이 없는 자로다"

· 차례 ·

이 책을 내면서 ····· 004

페인트 도배를 하며 ····· 016
마음의 노래 ····· 018
때를 따라 은혜 주시는 하나님 ····· 019
처음 예수 믿을 때 ····· 020
말씀과 찬양 속에 거하시는 하나님 ····· 023
감사의 눈물 ····· 025
하늘에서 별 따기 ····· 028
그분을 인정하라 ····· 030
울지 마시오 ····· 031
가을비가 그치고 ····· 032
기도의 불꽃 ····· 033
모정의 사랑 ····· 034
나의 행복은 ····· 035
예수님 내 안에 ····· 036
아름다운 눈물과 감사의 눈물 ····· 037
감사가 없는 사람은 ····· 038
눈물 속의 축복 ····· 039
침묵하게 하소서 ····· 041

사랑이 있는 곳에는 ⋯⋯⋯⋯⋯⋯⋯⋯⋯⋯⋯⋯⋯⋯ 042

구원 열차의 티켓 ⋯⋯⋯⋯⋯⋯⋯⋯⋯⋯⋯⋯⋯⋯⋯ 043

고통 속에서 보이는 십자가의 사랑 ⋯⋯⋯⋯⋯⋯⋯ 045

하박국 선지자의 감사가 내 감사가 되게 하소서 ⋯⋯ 047

십자가 밑에 푸른 초장 ⋯⋯⋯⋯⋯⋯⋯⋯⋯⋯⋯⋯ 048

내 마음 말씀의 젖으로 가득 채우자 ⋯⋯⋯⋯⋯⋯ 049

우리 주님의 사랑 먹고 사는 나 ⋯⋯⋯⋯⋯⋯⋯⋯ 050

기도의 봉오리와 응답의 꽃 ⋯⋯⋯⋯⋯⋯⋯⋯⋯⋯ 051

나의 행복의 순간 ⋯⋯⋯⋯⋯⋯⋯⋯⋯⋯⋯⋯⋯⋯ 052

기적의 꽃은 언제 피는지 ⋯⋯⋯⋯⋯⋯⋯⋯⋯⋯⋯ 053

저들의 손을 잡아 주소서 ⋯⋯⋯⋯⋯⋯⋯⋯⋯⋯⋯ 054

이때 더 겸손하길 원합니다 ⋯⋯⋯⋯⋯⋯⋯⋯⋯⋯ 055

먹어봐야 맛을 알지 ⋯⋯⋯⋯⋯⋯⋯⋯⋯⋯⋯⋯⋯ 056

첫 신앙 새벽제단으로 올라가게 하심을 감사합니다 ⋯ 058

하나님 말씀 ⋯⋯⋯⋯⋯⋯⋯⋯⋯⋯⋯⋯⋯⋯⋯⋯⋯ 059

설악산 ⋯⋯⋯⋯⋯⋯⋯⋯⋯⋯⋯⋯⋯⋯⋯⋯⋯⋯⋯ 060

사랑하는 우리 김길자 사모님 ⋯⋯⋯⋯⋯⋯⋯⋯⋯ 062

중심을 보시고 꼭 갚아주시는 주님 ⋯⋯⋯⋯⋯⋯⋯ 064

꽃샘추위 ⋯⋯⋯⋯⋯⋯⋯⋯⋯⋯⋯⋯⋯⋯⋯⋯⋯⋯ 065

나의 마지막 길도 아름답게 하소서 ⋯⋯⋯⋯⋯⋯⋯ 067

내가 가장 기쁠 때는 ⋯⋯⋯⋯⋯⋯⋯⋯⋯⋯⋯⋯⋯ 070

새봄에 돋아난 연한 새싹처럼 ⋯⋯⋯⋯⋯⋯⋯⋯⋯ 072

주님의 뜻을 이루소서 ⋯⋯⋯⋯⋯⋯⋯⋯⋯⋯⋯⋯ 074

주님을 부르십시오 ⋯⋯⋯⋯⋯⋯⋯⋯⋯⋯⋯⋯⋯⋯ 075

쓰디쓴 연못에 구속의 십자가만 던지면 ⋯⋯⋯⋯⋯ 076

믿음의 경주에서 계속 뛰게 하소서 ···················· 078

응답될 수밖에 없는 기도 ···················· 079

출근길 감사 ···················· 080

주님! 그 영혼을 불쌍히 여겨 주옵소서 ···················· 082

구원하심을 날마다 체험하게 하옵소서 ···················· 084

순간적인 기도 ···················· 085

영혼의 정신 무장은 자연 속에서 ···················· 086

내가 지쳐서 기도할 수 없을 때 ···················· 087

천국 갈 때까지 기본을 잃지 않게 하소서 ···················· 088

하나님께서 바라보시는 자 ···················· 089

감사는 기적에 꽃을 피운다 ···················· 090

찬양하리라 ···················· 091

무릎 꿇는 자녀 되게 하소서 ···················· 093

한 해를 돌아보면서 ···················· 094

2000년 겨울 ···················· 096

나는 행복한 사람 1 ···················· 097

나는 행복한 사람 2 ···················· 098

예수의 사랑과 기도 속에 묻혀있는 당신 ···················· 100

내 마음 깊은 곳에 감사 빼앗기지 않게 하소서 ···················· 103

고대병원 교회에서 특송으로 하나님께 영광 ···················· 106

당신의 모습에서 ···················· 108

진실한 눈물이 있는 예배 ···················· 109

구로성모병원으로 옮기던 날 ···················· 111

예수 안에서 형제자매의 사랑의 큰 위로 ···················· 113

당신은 행복한 사람 ···················· 115

천진난만한 당신의 얼굴 ······ 117

쏟아지는 눈물 막을 수가 없구나 ······ 118

주님 주신 능력으로 이제 그만 일어서리라 ······ 120

너와 나 가야 할 그 길 ······ 122

새벽제단으로 인도하신 하나님 감사합니다 ······ 124

오직 주만 바라보나이다 ······ 125

주님! ······ 126

들꽃 되게 하소서 ······ 127

주님께 맡긴 나의 삶 ······ 128

20년 전부터 오늘 내가 당할 고통 알고 계시었네 ······ 130

천국의 소망 가지고 ······ 132

항상 고백하는 삶을 살게 하옵소서 ······ 133

마음의 평안과 감사 ······ 135

그 병원 앞을 지나노라면 ······ 136

내 영혼이 날마다 ······ 138

주님! 이 시간을 받아주소서 ······ 139

기도의 힘 ······ 140

언약의 약속 무지개 ······ 141

돈으로 살 수 없는 것 내게 있고 ······ 143

주의 말씀의 맛이 내게 어찌 그리 단지요 ······ 144

예배의 삶이 풍성할 때 ······ 145

새벽이면 무릎 꿇고 아버지 1 ······ 146

새벽이면 무릎 꿇고 아버지 2 ······ 147

새벽이면 무릎 꿇고 아버지 3 ······ 148

우리 남편 장례식 마치고 10가지 감사 ······ 149

남편 하늘나라 간 지 몇 개월 지나서 ·················· 151
주여! 어린아이와 같이 되게 하소서 ·················· 153
하나님 앞에 부요한 자 되게 하소서 ·················· 154
내 영혼을 싸고 있는 이 평화 ·················· 155
하나님께서 하시는 일은 누구도 못 말려 ·················· 156
내 영혼의 깊은 감사 ·················· 157
첫 신앙생활을 새벽제단에 오르게 하신 하나님! ·················· 158
주님의 아픔과 나의 아픔 ·················· 161
사랑하는 우리 자녀 ·················· 162
성령의 9가지 열매 ·················· 163
사도신경은 천천히 ·················· 165
새벽에 내게 있는 것, 가장 귀한 것을 드립니다 ·················· 167
공평하신 나의 하나님 ·················· 168
이렇게만 살 수 있다면 ·················· 170
나는 가장 행복한 사람 ·················· 171
행복은 내 것이다 ·················· 173
제일 크고 귀한 신앙 ·················· 174
건강하려면 ·················· 175
작은 것 가지고도 주의 사랑을 ·················· 176
권사 임직 취임을 앞에 두고 임직자 훈련 받으면서 ·················· 177
집사의 마지막 철야예배 ·················· 178
사랑하는 우리 구역식구들의 십자가 목걸이 ·················· 179
나는 예수 믿고 ·················· 181
예수 안에서만이 ·················· 182
감사의 눈물 이십만 원 ·················· 183

감사의 꽃 피었네 ···················· 184

꽃 중에 가장 아름다운 꽃 ···················· 186

힘을 내세요 ···················· 187

혹시 내가 이런 사람은 아니었던가? ···················· 188

예수의 이름에는 권세가 있어요 ···················· 190

하나님 생각으로 일어나게 하소서 ···················· 192

나는 가장 존귀하고 힘 있는 자 ···················· 193

주님 너무 감사해요 ···················· 195

우리 교회 30주년을 맞이하며 30주년의 감사 ···················· 196

내가 바로 요란하게 소리만 내는 빈 수레 아닌가? ···················· 197

주님의 사랑의 울타리 안에서의 기쁨과 감사의 눈물 ···················· 199

1분 1초도 ···················· 200

내가 나를 알아야 ···················· 201

그 영혼을 사랑하리 ···················· 202

나는 행복하다 주님 때문에 ···················· 203

하나님께만 영광 돌리는 삶 되게 하소서 ···················· 204

나의 하나님 ···················· 205

예수님 생명보험 ···················· 207

목사님의 남은 흔적을 그리면서 ···················· 208

눈물의 샘 터지게 하시니 감사합니다 ···················· 210

예수님 탄생 축하 ···················· 212

예수님의 권세 ···················· 214

우리 주님과 새벽마다 데이트 ···················· 215

나는 주 안에서 사랑 먹고 살아요 ···················· 217

주님! 나를 기억하소서 ···················· 218

나의 본향 ····· 220

감사의 눈물 빼앗기지 않도록 ····· 221

우리 어머니 우리 엄마 ····· 222

미세먼지 앞에서 ····· 227

예수 믿기 전과 예수 믿은 후 나의 삶 ····· 228

이 세상에서 가장 아름다운 말은 "감사합니다" ····· 230

나는 가장 존귀한 자다 ····· 232

주님! 저들을 불쌍히 여겨주소서 ····· 233

감사 찬송 ····· 234

주님 나를 불쌍히 여기소서 ····· 235

사랑합니다 ····· 236

조건 없는 하나님의 사랑 ····· 237

주님의 날이 너무 너무 행복해요 ····· 238

나는 짐승과 똑같은 사람이었다 ····· 239

예수님 닮아가는 삶이 되게 하소서 ····· 245

고백과 시인이 없는 믿음은 죽은 믿음이다 ····· 246

하나님 말씀은 나의 영적 거울 ····· 248

주 안에서 사랑하는 우리 목사님 ····· 250

마지막을 더 아름답게 하소서 ····· 256

무릎이 너무 아파서 다리를 뻗고 예배할 때 ····· 257

내가 바라바였구나 ····· 259

하나님이 다 보고 계신다 ····· 262

사사기 말씀 ····· 263

사랑하는 우리 시어머니 장례식 마치고 어머니께 ····· 265

2014년 첫 주 헌금시간 특송 은혜받고 ····· 267

눈물과 아멘으로(계 7:9–17) ···················· 269

우리 친정엄마 장례식을 마치고 감사의 글 ············ 271

하나님과 삐지지 않는 사람 ···················· 273

하나님 아버지 영광 받으소서 ···················· 275

미역국 감사 ···················· 277

동산의 샘, 생수의 우물 ···················· 278

룻기서 읽고 ···················· 279

지나고 나면 이것까지도 하나님의 은혜더라 ············ 281

구원의 감사 ···················· 283

하나님의 시간표 ···················· 285

내게 주신 하나님의 선물 ···················· 287

다 지나가게 하시더라 ···················· 290

예수 안에서 바보처럼 살자 ···················· 292

2018년 에벤에셀 기도회 "감사의 눈물" ············ 293

복음 전함의 기쁨 ···················· 295

저물어 가는 한 해 ···················· 299

구원의 감사와 감격의 눈물이 메마르지 않게 하소서 ·········· 301

내게 있어 가장 큰 축복과 기적은 ···················· 303

맺는글 – 가장 아름답고 행복한 길 ···················· 305

페인트 도배를 하며

76년 11월 26일 아주 추운 쌀쌀한 날씨에 결혼했다.

처녀 시절엔 꿈도 많고 신혼생활 하는 친구 집에 가서 나도 저렇게 해놓고 살아야지 하면서 마음에선 흐뭇한 사랑에 안락한 가정을 꿈꾸기도 했다. 그러나 내 뜻과 꿈은 다 허무한 생각이었다. 나의 생각과 내 마음껏 행복을 누린다는 것은 나에게는 사치였다. 부산에서 몇 개월 살다가 서울에 와서 가게를 하나 얻었는데 방 안에서 얼음이 얼고 벽에서는 물이 줄줄 흐르는 방이었다. 첫 아이를 낳고도 그 얼음방에서 지냈으며 가게를 두 번째 옮긴 방도 도배를 못 하고 겨울이면 물이 줄줄 흐르고 해서, 봄이면 까맣게 곰팡이가 물든 벽을 비누로 닦아냈다. 세 번째로 가게 바로 옆으로 또 옮겼는데 그 집도 역시 반지하방이라서 물이 줄줄 흐르고 겨울이면 벽에서 곰팡이 냄새가 났다. 봄이 오면 다른 사람은 벽에 깨끗하고 어여쁜 도배지 옷을 입히는데… 비누로 벽을 닦을 때면 시커먼 물이 얼굴에 떨어지며 괜히 눈물이 났다. 언제나 나도 새로 도배한 방에서 살아볼까?

11년째 되는 해, 그러나 나에겐 새로운 삶이 시작된다. 참 감사가 무엇인지, 참 사랑이 무엇인지 참 행복이 무엇인지를 알게 되었다.

예수님을 우리 가정에 모시었다. 예수님을 믿으니 그래도 감사하다. 일 년 365일 건강 주신 하나님께 감사드린다.

창고 같은 방, 물이 흐르고 냄새나는 방, 하지만 나에겐 귀하고 복된 방이다. 시어머님과 단칸방 생활 7년, 나의 가장 소원하던 기도 제목, '오두막 살이라도 좋으니 두 칸짜리 방 주세요.'

결혼 생활 시작하고서 단칸방 생활 7년, 그 세월을 마음의 힘듦을 느끼며 살아왔기에 나에겐 귀한 방이다. 힘듦이 있었기에 귀함을 더 깨닫게 되고 예수 믿고 나서 참 감사와 참 행복이 무엇인지 알았기에 오늘도 감사하다.

지나간 10년을 돌아보면서 감사의 글을 적어봤다.

시편 119편 71절, "고난당한 것이 내게 유익이라 이로 말미암아 내가 주의 율례들을 배우게 되었나이다." 합력하여 선을 이루시는 나의 하나님, 감사합니다.

1987년 3월 16일

마음의 노래

모든 영광을 하나님께
모든 영광을 하나님께
모든 영광을 하나님께

옷 하나만 사 입어도 감사하고
신발 하나만 사 신어도 감사하고
진한 화장은 안 해도
옅은 화장만 해도 감사하고
나 같은 죄인 예수 안 믿으면

집에서 장사하느라 어찌 나들이를 하겠으며
어찌 깨끗한 옷차림 한 번 하겠는가
이러한 일까지도 감사하며
마음에서 나오는 나의 노래.
모든 영광을 하나님께, 첫 믿음, 첫 사랑 저버리지 않게
성령의 줄로 매어주소서.

때를 따라
은혜 주시는 하나님

내가 목마를 때 물을 주시고

내가 배고플 때 밥을 주시고

내가 벗었을 때 옷을 주시고

내가 울 때 눈물 닦아주시고

내가 아플 때 어루만져 주시고

내가 가슴 답답할 때 시원케 하시고

내가 피곤할 때 새 힘 주시고

내가 무능할 때 능력 주시고

내가 낙심할 때 말씀으로 세워주시고

내가 고난당할 때 위로해 주시고 피할 길 주시고

때를 따라 은혜 주시는 나의 하나님 감사합니다.

저는 이 은혜로 삽니다.

영의 양식 말씀 먹고 살기에…

때를 따라 은혜 주시는 나의 하나님

처음 예수 믿을 때

"주의 말씀의 맛이 내게 어찌 그리 단지요 내 입에 꿀보다 더 다니이다"(시편 119:103)

"금과 은으로도 바꿀 수 없는 하나님의 말씀, 말씀 안에 영혼을 소생시키는 힘이 있고, 말씀 안에 생명의 빛이 있고, 말씀 안에 회개하게 하는 힘이 있고, 말씀 안에 자신의 거울이 있고, 말씀은 나의 진통제이다"라고 고백하며 살 수 있는 귀한 복을 주신 하나님께 모든 영광을 돌립니다.

받은 은혜 혼자 간직하기보다, 흐르는 시내의 역할과 본분이라 생각하며 모든 성도님들과 은혜를 나누고자 이 지면에 글을 적어 봅니다.

"게으르고, 나태해질 때마다 주님 앞에 서는 그날까지, 새벽의 무릎으로 승리하게 하옵소서. 혹시 겨울에 따뜻한 아랫목의 유혹, 여름에 졸림의 유혹에 빠지지 않도록 귀한 말씀을 먹지 않고는 못 견디는 괴로움을 주시옵소서." 저의 기도 제목입니다.

내 능으로 힘으로, 부지런해서가 아니라 우리 주님의 인도가 아니면 저는 일어나지 못합니다. 피곤할 때 괴로울 때 은밀한 중에 만나주시는 새벽의 주님을 만나보세요. 내가 날개만 있다면 어디론가 날아가고 싶은 마음에 기쁨과 즐거움이 샘솟습니다. 그럴 때마다 '모든 영광을 하나님께' 그 찬송을 부른답니다.

지금도 새벽길을 거닐 때면, 가로등마다 아름다운 무지개로 감싸 걷는 길을 비춰줍니다. 무지개는 언약의 표시라지요, '우리 하나님 오늘도 나와 함께하신다' 하며 말씀대로 살지 못한 것이 너무 부끄러워서 고개를 들지 못하고 '주여! 죄송합니다'라며 기도하지요. 누구든지 가슴 답답하고, 머리가 아프고, 잠이 오지 않고, 생활에 시달려 몸이 연약하거나, 몸이 피곤한 사람은 꼭 새벽에 주님 앞에 나아가 새벽 말씀의 진미를 맛보세요.

새 힘, 새 능력, 마음에 평안, 육신의 건강 주실 줄을 저는 확신합니다. 저도 처음엔 육신이 너무 피곤해서 눈이 시뻘겋고 보기에 흉했습니다. 우리 남편 집사님이 보기에 딱했는지 하나님에게 말하고 일주일만 좀 쉬라고 하시더군요. 저의 마음속에서 '나는 새벽의 말씀을 먹지 않고는 못 살지, 가다 죽을지언정 가야지.' 하는 확신 속에 자고 새벽에 일어나니 눈이 가볍고 시원해서 거울을 보니 눈이 말갛게 나았습니다. 아멘. 할렐루야. 얼마나 기뻤는지… 주여 감사합니다.

이번 종말론 성회에 큰 은혜를 받고 보니, 때로는 외식적인 나의 모습을 발견하며 나태해진 나의 신앙과 우리 모두의 신앙을 다시 일깨워주신 것 너무 감사합니다. 오직 예수, 재림신앙,

땅 끝 선교, 물질과 기도로, 간절하고 희생적인, 내가 부서지는
기도 못 한 것을 회개하며 지금부터 다시 새벽을 깨워주신 하나
님께 모든 영광을 돌립니다.

중부 10구역 전순봉집사

말씀과 찬양 속에 거하시는 하나님

　누구보다도 어리석고 미련한 것을 지혜롭고 슬기롭게 하기 위해 말씀의 충만한 은혜 주심을 감사합니다. 그리고 저는 예수 믿기가 싫어서 세상 길로 나가 방황하였지만, 우리 하나님께서는 저를 사랑하여 주셔서 구원해주시고 구별된 성도로서의 길을 걷게 하시고, 하나님을 아버지라고 부를 수 있는 양자의 영을 주심을 감사합니다. 또한 풍파 많은 험악한 세월 중에도 오늘 여기까지 인도해주신 에벤에셀의 하나님께 감사를 드립니다.

　저는 처음 예수님을 믿고 교회에 나와 찬송을 부를 때면 가슴이 답답하고 숨쉬기가 괴로워서 얼마나 고통스러웠는지 모릅니다. 그리고 예배 시간이 너무 괴로워서 제 손을 얼마나 꼬집었는지 피멍이 들곤 했습니다. 그래서 목사님께서는 저를 위해서 항상 기도를 해주셨습니다. 그리고 저도 기도할 때마다 찬송의 문과 기도의 문을 열어달라고 기도를 드렸습니다. 그러던 어느 날 교회에서 부흥사경회가 열렸습니다. 저는 중화요리집을 남편과 함께 경영하기 때문에 시간이 없었지만, 열심히 참석했습니다. 그날도 말씀의 큰 은혜를 충만히 받고 있을 때에 갑자기 부흥 강사님께서 찬송가 102장 "주 예수보다 더 귀한 것은 없네”라는 찬송을 함께 부르자고 했습니다. 함께 찬송을 부르는 그 순간 저는 깜짝 놀랐습니다. 갑자기 목이 탁 트이면서 나도 모르는 순간에 막혔던 찬송의 문이 열리기 시작하더니 그렇게 은혜스러울 수가 없고, 하염없이 눈물이 나오는 것이었습니다. 저는 그때부터 찬송만 부르면 기쁨과 감사의 눈물이 마음에서부터 흘러나오기 시작했습니다. 그리고 신앙의 맛이 무엇인지도 깨닫기 시작했습니다. 새벽 미명에 들려주시는 주님의 세미한 음성은 이루 말할 수 없는 포근함과 행복을 주셨습니다.

시편 119편 103절의 말씀처럼 “주의 말씀의 맛이 내게 어찌 그리 단지요 내 입에 꿀보다 더 다니이다”라는 말씀이 실감나도록 체험을 얻게 되었습니다.

그렇지만, 어느 순간 감사의 눈물이 때로 불평과 원망의 눈물로 바뀔 때도 있었습니다. 그러나 그럴 때마다 사랑하시는 하나님께서는 주옥같은 말씀으로 제 마음을 위로해 주십니다. 그리고 “무릇 지킬 만한 것보다 더욱 네 마음을 지키라 생명의 근원이 이에서 남이니라(잠 4:23)”라는 말씀으로 다시 일어서게 하시고, 상처 입은 가슴을 온전하게 하시고, 번민하는 마음을 잔잔하게 하여 주셨습니다. 하나님의 말씀과 찬양은 굶주린 영혼과 곤고한 날에 기쁨과 행복을 가져다주는 귀한 보물이 되었습니다. 그리고 이 말씀과 찬양을 주신 하나님께 진심으로 감사를 드리며 모든 영광을 돌립니다.

1994년 12월 31일(토요일) 제5교구 전순봉집사

감사의 눈물

"반딧불 주신 하나님께 감사하라 촛불을 주실 것이요, 촛불 주신 하나님께 감사하라 달빛을 주실 것이요, 달빛 주신 하나님께 감사하라 태양 빛을 주실 것이요, 태양 빛을 주신 하나님께 감사하라 영원을 빛을 주시리라."

우리 목사님 설교 중에 있는 한 토막의 내용이다. 여러 가지 체험을 통해서 보면 감사는 모든 역경과 괴로움을 이기는 승리의 열쇠라 믿어진다.

나는 죽어도 예수 안 믿으려고 했는데 그래도 우리 하나님은 나를 사랑하셔서 버리지 않으시고 우리 가정을 예수님 믿는 가정으로 구원해 주시고 오늘도 주님의 은혜와 사랑 속에 살게 하시며, 말씀 충만한 생활로 승리케 하시니 오직 감사드릴 뿐이다. 기도하려면, 찬송 부르려면, 말씀 들을 때면 나오는 눈물은 괴로워서도, 아파서도, 가난 때문도 아니다. 나 같은 죄인, 어리석고 미련하고 바보 같은 나를 지옥 형벌 속에서 건져 영원한 생명 주시고 눈물 고통 없는 나의 본향 저 천국 소망 주신 십자가의 그 큰 사랑, 나와 함께하시는 하나님의 사랑, 그 사랑 생각하면서 흐르는 감사의 눈물이다.

나만이 느끼는 하나님의 사랑일까? 아니다. 우리 하나님은 세계 모든 사람을 다 사랑하신다. 누구든지 예수 믿기만 하면 하나님의 사랑을 체험할 수 있다. 하나님 말씀 들을 때면 얼마나 좋은지 꿀보다 더 달고 귀한 하나님 말씀, 듣고 또 듣고, 먹고 또 먹고, 보고 또 보아도 싫증 나지 않고 마음속에서부터 흘러나오는 아멘 소리. 나는 육의 양식, 그것만으로는 도저히 살 수 없다. 말씀 먹지 않고는 내 영혼이 항상 갈급하기 때문이다.

예수 믿는 사람에게도 어려움은 닥친다. 그러나 먼저 마음에서부터 감사가 나온다. 그 감사는 참 감사라는 것을 체험했다. 몇 년 전에 원인 모르게 입이 돌아갔다. 무섭고 괴로웠다. 내가 이대로 장애인이 되는 걸까? 그러나 "기도 외에는 이런 유가 없느니라" 하나님의 말씀을 생각하고 새벽에 나아가 울며 간절히 기도했다. 하루, 이틀, 삼 일째에 응답이 왔다. 나는 회개하며 깨닫게 해주시고 복 주신 하나님께 참 감사의 눈물을 흘렸다.

그리고 주일 새벽을 맞았다. 말씀 듣는 중에 하나님의 사랑을 발견하고 찬송가 432장을 부를 때 우리 예수님께서 하얀 옷을 입으시고 거룩하시고 인자하신 모습으로 내 옆에 다가오시더니 내 등을 다독거리며 "너 근심걱정 말아라 내가 너를 사랑한다" 하시며 위로하셨다. 얼마나 그 사랑이 감사하던지 한없이 나오는 눈물을 닦아도 또 나왔다. 나는 주님을 늘 배반하고 의심하고 마음을 아프게 해드리는 연약한 자녀인데도 그래도 우리 아버지는 이렇게 사랑함일까? 일주일 만에 제 모습대로 돌아왔다. 침놓는 원장은 침은 자기가 놓았어도 아주머니 믿음으로 빨리 나았다고 하셨다.

새벽기도회는 찬송 부르고 본문 말씀만 들어도 은혜가 된다. 여러 가지 체험을 통해서 꼭 누구에게나 새벽기도회에 나가보라고 권하고 싶다.

에스더 4장 16절에 "죽으면 죽으리라"던 에스더의 신앙, 다니엘 3장 18절에 "그리 아니하실지라도 왕의 세우신 금신상에 절하지 않겠나이다"던 다니엘의 세 친구, 그 말씀이 얼마나 멋있었고 좋은지 기도의 응답, 우리의 소원을 응답지 아니하실지라도 나는 주님을 떠나지 아니하리라. 아멘.

주님 앞에 서는 그날까지 감사의 눈물과 무릎으로 승리하게 하옵소서.

잠언 15장 16절
"가산이 적어도 여호와를 경외하는 것이 크게 부하고 번뇌하는 것보다 나으니라"
주여 모든 영광 받으소서. 아멘.

하늘에서
별 따기

나를 미워하거든 사랑하고
위하여 기도하라
나를 비난하고 핍박하거든
마음 상하지 말고 위하여 기도하라
억지소리 하거든 울지 말고
위하여 기도하라
억지로 나를 데려가거든
한 발 더 배려하며
위하여 기도하라
그래서 행함으로 믿음을 보이며
선으로 악을 이기며
내 속에 내가 살아 있으면
도저히 할 수 없는 그 일…
내가 죽고 내 속에 예수님이 계실 때만이 가능한 일
바로 이것은 우리에게 있어서는
하늘에서 별 따기
나는 이것을 체험했기에…

예수님 산상설교 중에서
새벽기도 마치고

그분을 인정하라

무(無)에서 유(有)를 창조하시고
불가능을 가능케 하시는 그분을
미련한 자를 들어 지혜롭게 하시는 그분을
가난한 자를 들어 부한 자를
부끄럽게 하시는 그분을
약한 자를 들어 강한 자를 부끄럽게 하시고
화를 복으로 바꿔주시는 그분을
교만한 자를 버리시고 겸손한 자에게
은혜를 베푸시는 그분을
너는 그분을 인정하라
네 길을 인도하시리라

울지 마시오

왜 울어야 합니까?
왜 근심 걱정을 하십니까?
우리 주님 만나면 울지 않아요
예수 몇 년 믿었어도
예수님 못 만나면 슬퍼서
염려되어서 울지만
예수님 만나면 울지 않아요
예수님 만나면 나오는 눈물은
은혜의 눈물
기쁨의 눈물
감사의 눈물
감격의 눈물
사랑의 눈물
예수님 만나면 울지 않아요
울어도 너무 감사해서
나 같은 것 구원받았기에
감사해서 울어요

가을비가 그치고

가을비가 그친 맑은 하늘엔
구름 한 점 없고 선선한 바람이
내 곁을 스쳐간다
아침 2부 예배드리고 오는데
영혼 깊은 곳에서부터 우러나오는 그 기쁨은
체험해 보지 못한 사람은
알 수 없을 거야. 이 기쁨을…
입가엔 미소, 눈가엔 웃음이 가득하고
발걸음은 가볍고 어디론가 날아가고 싶은
내 마음 너무 기쁘고 너무 좋아서
예수 믿는 것이 이렇게도 좋을까
내 영혼의 성가를 가을 하늘에 띄워 보낸다.

기도의 불꽃

꺼져가는 심지 끄지 아니하시고

사랑과 기적의 불꽃

기도의 불꽃 활활 타오르는 그 모습

교육관의 300명 기도의 용사들

그 꽃은 너무 아름답구나

활활 타오르는 불꽃 사이로

흘러내리는 눈물은

회개의 눈물

감사의 눈물

사랑의 눈물

결단의 눈물

그 눈물은 너무 아름답구나

우리 성현 기도의 불꽃

꺼지지 않게 하소서

1996년 1월 30일 새벽 축복기도회에서

모정의 사랑

내 품안에 고이 간직하고 싶고

주고 나면 다시 또 주고 싶고

보고 보내고 나면 또다시 보고 싶고

가고 나면 다시 또 생각나고

이것이 있었구나

저것이 있었구나

안타까운 마음으로 이것도 만져보고 저것도 만져보고

처음과 나중, 무조건적인 하나님 사랑

또한 바로 어머니의 사랑 아닌가

피보다 진한 사랑

사랑보다 진한 것은 모정의 사랑이로구나

1998년 3월 30일

큰아들 첫 휴가 왔다가 열흘 쉬고 가고 나서…

나의 행복은

행복은 물 건너 바다 건너 산 넘어 오는 것이 아니더라.

내 마음속에 성령이 계셔 감사할 때

만족할 때

구속의 은혜를 깨달을 때

십자가의 사랑을 깨달을 때

우리 주님께서 주시는 마음의 평안

그것이 나에게는 누구도 빼앗을 수 없는 참 행복이다.

행복, 나의 행복.

예수님 내 안에

하나님 말씀 안에 살 때...
삶의 모든 부분에 예수가 들어가면 변화가 생기더라
예수가 내 안에 계실 때에
나를 미워하는 사람도 사랑할 수 있기에
예수님 안에서는 할 수 있더라
예수님! 내 마음 중심에 항상 계시옵소서
예수님! 내 마음 중심에서 떠나지 마옵소서
예수님 중심의 삶 살게 하옵소서

요한복음 15장 4절

"내 안에 거하라 나도 너희 안에 거하리라 가지가 포도나무에
붙어 있지 아니하면 스스로 열매를 맺을 수 없음 같이 너희도
내 안에 있지 아니하면 그러하리라"

아름다운 눈물과 감사의 눈물

아버지는 내 손을 꼭 잡고 있었지만 나는 그 손을 잠시 놓쳐버렸네

잠시 아버지를 잃은 나는

아무리 찾아봐도 나 혼자뿐이네

나는 한 없이 울었네 또 울었네

너무 무서워서, 괴로워서, 아파서

앞을 보니 캄캄해서 안 보이고, 옆을 보니 절벽이고

뒤를 보니 사탄이 두 눈을 부릅뜨고 나를 따라오네

주일 새벽, 무릎 꿇고 아 버 지…

부르는 소리에 머리끝에서 발끝까지 나를 바라보고 계시네

내 손을 잡아주시고 안아주시고 내 등을 다독거리시네

두 눈에선 눈물과 콧물이 하염없이 내리네

소리 없이 마음 깊은 곳에서 나오는 눈물은 감사의 눈물

나를 사랑하시는 아버지의 사랑 때문에 하염없이 울었네

또 울었네 또 울었네

1999년 9월 5일 주일 아침

[극동방송에 보내 선정된 시]

감사가 없는 사람은

감사가 없는 사람은
향기 없는 꽃과 같고
감사가 없는 사람은
소리 없는 새와 같다네

눈물 속의 축복

정금같이 단련하여
주의 일꾼 삼으려고
평안하면 형식 갖추게 되고
어려울 때면
간절한 기도 하게 하시고
내가 편안하면 혼자 가게
놓아주시고
내가 어려울 때면 나를
만나주시고 안아주시고 업어주시고
그 눈물 속에는 주님의 놀라운
계획이 있고 사랑이 있고
그 눈물 속에는 놀라운 주님의
증거가 있고 사랑이 있고
증거를 얻고 보니 내 입에서
예수를 자랑하게 되고
눈물 속에 예수 사랑 가득하여
어디 가든 예수 자랑하리로다

이 길만이 구원의 길, 영생의 길
생명의 길이기에…

침묵하게 하소서

다툼이 있는 곳에서
더 다툼이 일어나지 않도록 침묵하게 하소서.

살다 보면 다툴 때도 있지만
침묵하는 것도 하나님의 은혜더라.

사랑이 있는 곳에는

사랑이 있는 곳에는 관심이 가며
사랑이 있는 곳에는 마음이 가고
사랑이 있는 곳에는 손이 가며
사랑이 있는 곳에는 행동이 가고
사랑이 있는 곳을 향하여
무엇인가 자꾸만 주고만 싶어지더라
사랑이 있는 곳에는

구원 열차의 티켓

세상 죽음에서 방황할 때

우리 주님께서 우리 시어머님께

나에게 우리 식구들에게

은혜받을 때라 하시며

선물로 구원 열차의 티켓을 주셨다.

세상 길을 걷고 있을 땐 의미 없이

걷고 있었지만

오늘도 나는 구원 열차 안에서

우리 주님 계신 곳을 향하여

힘차게 달리고 있다.

구부러진 길 곧은 길 바른 길

기도하면서 찬양하면서

두 손 들고 힘차게 달리고 있다.

우리 예수님 깃발을 향해

오늘도 구원 열차 안에서

구원의 티켓 손에 쥐고 기뻐 찬양하며

주님 계신 그곳을 향하여

힘차게 달리고 있다.
할렐루야 구원 열차 안에서 두 손 높이 들고
나는 또 달려가고 있다.

고통 속에서 보이는
십자가의 사랑

기도하려고 해도 마음의 문은 닫혔고

울고 싶어도 눈물의 샘은 말랐고

주님을 부르고 싶은데

가슴은 닫혔고

아무 감각 없는 나의 마음과 모습

나오는 것은 한숨 소리

의미 없는 눈물

세상일에 실패했어도

절망하지 말라

내가 너를 도우리라

다시 일어나게 하리라

너 힘들지?

너 어렵지?

나보다 더 어려웠었니?

나보다 더 힘들었었니?

나보다 더 억울했었니?

이 어려움을 통해서 나를 위해
십자가의 고난 당하신
우리 주님의 사랑에
나는 다시 일어나리라
찬양 기도 감사하면서
나는 이 길을 믿음으로 헤쳐나가리라
우리 주님 만나는 그날까지
고통 속에서만 보이는 하나님의 사랑

하박국 선지자의 감사가
내 감사가 되게 하소서

비록 쌀독에 쌀이 떨어졌을지라도

전화가 끊어졌을지라도

카드가 정지되었을지라도

공공요금이 다 정지되었을지라도

비록 모든 것을 잃고

내가 실업자가 됐을지라도

나의 기도의 제목 소원 이루어지지 않을지라도

나는 하나님 한 분만으로 만족하며

나의 구원의 하나님으로 인하여

기뻐하며 감사하리라

하박국 선지자 감사가

내 감사가 되도록 주님 도와주소서.

이 길이 구원의 길 생명의 길이기에…

십자가 밑에
푸른 초장

주님께서 우리의 손을 잡아
푸른 초장에 놓으셨는데
그 풀을 뜯어먹지 못해서
영양실조에 걸렸다.

십자가 밑에 약속의 풀을
뜯어먹자 마음껏 먹고 마시자
내 영혼의 갈급함을 채우기 위해
영생의 풀, 소망의 풀, 위로의 풀
권면의 풀, 감사의 풀, 훈계의 풀까지도
뜯어먹고 성령의 물을 마시자

십자가 밑에 푸른 초장으로
마음껏 영생의 풀 뜯어먹자
내 영혼의 건강을 위해
메마른 영혼들 푸른 초장으로 인도하기 위해
십자가 밑에 푸른 초장으로

내 마음 말씀의 젖으로
가득 채우자

바위가 부서져 돌이 되고

돌이 부서져 자갈이 되고

자갈이 부서져 모래가 되고

모래가 부서지듯

나의 강퍅한 심령

돌 같은 마음

근심 걱정 염려 덩어리

무엇으로 녹일 수 있을까

매일 말씀의 젖을 먹고

성령의 물로 내 안에 가득 채울 때

내 속에 걸림돌 다 녹아버리리라

내 영혼 속에 예수님만 계시도록

말씀의 젖 성령의 물로

내 안에 가득 채우자

돌 같은 내 마음 말씀의 젖으로 가득 채우자

우리 주님의
사랑 먹고 사는 나

저 높은 곳에 계시지 않고
내 곁에 함께하시네
내가 낙심할 때 좌절할 때도
생활 속에서 함께하시네
내가 어려울 때면 더더욱
사랑하시고 눈동자와 같이
지켜주시네
슬플 때나 내가 죄 가운데
헤매일 때도 순간순간 지켜주시고
나와 함께하시네
지난 이십 년을 뒤돌아볼 때
하나님의 은혜가 아닌 것이
하나도 없네
비록 실업자지만
요즈음 너무 행복해 우리 주님 나와 함께하시니…

2000년, 가게 그만두고 잠깐 쉴 때

기도의 봉오리와
응답의 꽃

탄식과 원망과 불평의 기도가

우리 주님 사랑 안에서 감사 찬양

되어 흐르고

고통과 역경 속에서 기도의 봉오리 맺혀

응답의 꽃이 되었네

가시 속에 피어난 장미꽃 예수 향기 날리고

끊을 자 누구랴

우리 주님께서 주시는 내 마음속 평안

내 마음의 보화 캐내어 갈자 누구랴

예수 안에 있는 하나님의 사랑 안에서

빼앗아 갈 자 없으리라

기도의 봉오리가 맺혀

응답의 꽃이 활짝 피었네

나의 행복의 순간

만왕의 왕이시요

만주의 주님이시요

만복의 근원 되신

행복의 원천 생명의 근원이신

하나님 안에서

하나님의 구원의 은혜를 발견할 때

그 사랑으로 인하여 그 은혜를 인하여

내가 가장 행복했던 순간이었다

기적의 꽃은
언제 피는지

내가 평안할 때면 형식만 갖춘

회칠한 무덤이요

말할 수 없는 고통 속에서만이

피어나는 기적의 꽃

온갖 위엄과 난관 속에서만

피어나는 기적의 꽃

하나님의 깊은 사랑 안에서 기적의 꽃은

내가 편안하면 피지 않더라

어쩌다 피는 것도 있겠지만

하나님께서 우리와 나와 함께하실 때면

붉은 자산에도 풍성한 열매가 있으며

샘 근원으로 인도하시는 우리 하나님

그 기적의 꽃은 고난 속에서만

순종 안에서만 피어나더라 아멘

저들의 손을
잡아 주소서

주여! 저들은 주님의 사랑을 깨닫지도 알지도 못하기에

주님 손을 뿌리치고 제 갈 길로 갔나이다

세상 풍조 따라 그 길이 보기에 아름답고 탐스럽고

보기엔 먹음직하기에 그 길을 따라갔나이다

주여! 저들의 손을 꼭 잡아주소서

연약한 저들의 손을

그 사랑과 용서와 위로의 손길로

저들의 손을 잡아주소서

다시 무릎 꿇고 저들 스스로

주님의 손을 잡기까지

주님이 손 내미시며

저들의 손을 꼭 잡아주소서

세상 유혹 뿌리치고

주님의 손을 꼭 잡기까지

주여! 저들의 손을 꼭 잡아주소서

[한 영혼이 작은 시험에 넘어졌다. 다시 세상으로 나간 그 영혼을 생각하면서 기도 중에
떠올라 적은 것이 시가 되어 극동방송 시인 코너에 보냈는데 선정되었다.]

이때 더 겸손하길
원합니다

내가 철야예배 잘 나갈 때

내가 새벽기도 잘 나갈 때

내가 수요예배 잘 나갈 때

내가 무엇인가 잘할 때

내가 무엇인가 잘 나갈 때

나를 누군가 칭찬해줄 때

주님! 저는 부족합니다.

내가 할 수 없습니다.

세상과 나는 간곳없고

구속한 주만 보이도다 고백합니다.

고백하면서

이때 더 겸손하길 바라며

겸손하길 원합니다.

나는 간곳없고 우리 주님만

나타나고 영광 받으시고

이때 더더욱 겸손하길 원합니다.

먹어봐야
맛을 알지

이 맛이 바로 그 맛이구나

먹어봐야 맛을 알지

이것이 바로 진미로구나

먹을수록 씹을수록 그의 진미

어느 것에 비교하리

작년에 보리밥 상추 쌈 그 맛의 진미는

올해 또 먹고 또 먹어도

어느 것에 비교하리

속이 메스꺼울 때는 물에다 밥 말아서

신김치 넣어 먹고 된장에다

고추 찍어 먹으면 바로 그 맛의 진미는

먹어봐야 그 맛을 알지

하나님께서 나의 연약함을 아시고

말씀 먹고 살아가라고

말씀의 맛을 꿀보다 더 달게 하셨구나

주여! 먹어봐야 맛을 알지

먹어보세요. 말씀을…

먹어봐야 맛을 알지
그 맛이 꿀맛이지요.

시편 119편 103절
"주의 말씀의 맛이 내게 어찌 그리 단지요 내 입에 꿀보다 더
다니이다."

첫 신앙 새벽제단으로
올라가게 하심을 감사합니다

나 같은 것을 사랑하시어
첫 신앙 새벽제단에 오르게 하시고
주여! 저를 얼마나 사랑하시기에
새벽부터 맛있는 것을 풍성하게
주십니까? 영의 양식을
새벽부터 나아가서 나는 꿀보다 달콤한
맛있는 찬양과 말씀, 기도
내 영혼 속에 보따리 보따리
담아 온답니다.
육의 양식 조금 모자라도
영의 양식 풍족하게 채워주옵소서
첫 신앙 새벽제단 주님 앞에 서는 날까지
쉬지 않고 오르게 하소서
첫 신앙 새벽제단으로 주님과 함께

하나님 말씀

찢기고 상처 입은 내 가슴
말씀으로 싸매어 주시고
불안하고 번민하는 내 마음을
말씀으로 잔잔케 하시고
말씀 안에 영혼을 소생시키는
힘이 있고
말씀 안에 생명이 있고
말씀 안에 회개케 하는 힘이 있고
말씀 안에 영혼의 거울이 있고
말씀은 나의 진통제이며
나의 고백 하나님의 말씀은
나의 영양제

히브리서 4장 12절
"하나님의 말씀은 살아 있고 활력이 있어 좌우에 날선 어떤
검보다도 예리하여 혼과 영과 및 관절과 골수를 찔러 쪼개기까
지 하며 또 마음의 생각과 뜻을 판단하나니"

설악산

구름 한 점, 티 하나 없이 맑은 가을 하늘
조금은 쌀쌀하지만 설악산의 가을바람은
나도 모르게 감탄의 소리가 먼저 나온다.
높고 낮은 산은 한 폭의 그림
우리 구역 권찰위로회를 반갑게 맞이해주는
설악산의 단풍들
우리 하나님이 지으신 신비하고 아름다운
대자연 속의 단풍들은 오색실로 수놓아
자기들의 취향에 맞는 옷들을 갈아입고
얼마 남지 않은 이별을 생각해서인지
서로의 모습을 자랑하고 뽐내며 우리들을
맞이해 주고 우리의 마음속에서는
아~ 멋있다 너무 멋있다 너무 아름답다.
내 마음속에선 쉬임 없이 감탄의 소리가 끊이지 않는다.
곱게 물든 설악산의 단풍 주워다가
코팅해서 기념으로 방에다 걸어놓으니
오늘도 설악산 풍경을 그리면서

아름답게 수놓은 단풍 속에 나의 마음도
함께 흔들리고 있다.
나도 예수 안에서 아름다운 단풍처럼
노년을 아름답고 곱게 맞이하면 좋겠다.

설악산 기념 단풍

1999년 10월 28-29일

사랑하는
우리 김길자 사모님

우리 사모님 활기찬 옛 모습 다시 보게 하소서
사모님! 좋아합니다 사랑합니다 예수 안에서…
인자하시고 너그러우신 그 모습을…
고개를 끄덕이시며 빙그레 웃으시는 그 모습을
온갖 투정을 내놓으며 내가 눈물 흘릴 때
내 마음의 눈물을 닦아주시고
고개를 끄덕이시면서 기도해주셨던 그 모습을
저는 오늘도 기억합니다.
내가 아플 때 기도해주실 때 그 모습을
저는 사모님 뵈올 때 우리 친정엄마처럼
포근함과 정을 느끼곤 합니다. 조금은 어렵지만
나의 기도제목 중의 하나
우리 사모님 성도들의 가정 가정마다
심방하시며 위로도 해주시고 기도해주시고
첫 사랑의 건강 다시 보여주옵소서
다정다감하신 우리 사모님
영육 간의 건강을 주옵소서

예수 안에서 우리 사모님 활기찬 옛 모습을
다시 보게 하소서, 저의 기도 제목입니다.
사랑하는 우리 김길자 사모님 건강 주옵소서

중심을 보시고
꼭 갚아주시는 주님

기도로 시작한 지가 어제 같은데

지나간 시간들을 돌이켜 보니

하나님의 사랑 얼마나 감사했던지

내가 얼마나 외모를 다듬으며 살아왔던가

필름처럼 돌아가는구나

순간순간 피할 길 주시고

걸음마다 인도해주시고

마음으로 생각만 해도 즉시 갚아주시고

채워주시니 얼마나 기뻐했었던가

진실한 마음과 생각을 감찰하시고

외모를 보지 않고 중심을 보시는 주님

저의 중심을 받아주시니 감사합니다. 아멘.

1999년 12월 31일, 마지막 새벽기도회 날

꽃샘추위

내가 너를 사랑하기에
너무 너무 사랑하기에
아름답고 예쁜 네 모습을
모든 사람에게 보이는 것이
질투가 나서
내가 좀 샘 좀 부렸지
많은 사람들이 너를 너무 사랑하는 것을
보고만 있을 수가 없었지
내가 너를 너무 사랑하기에
잠깐 너를 괴롭게 한 것뿐이야
고통 뒤에 따르는 그 환희와 기쁨
너 생각해봤니?

내가 네게 큰 고통을 주었건만
꾹 참고 인내하는
네 마음도 아름답구나
따뜻한 봄 날씨에는

너의 아름답고 예쁜 네 모습을 많은 사람들에게 보이겠구나
아름다운 네 모습을…
아름다운 네 모습에서 풍기는 그 향기야말로 더더욱 아름다워
벌과 노란 나비까지 너를 사랑하게 하고
아니 너는 누구한테도
예쁘다고 칭찬받고
사랑받으니 참 좋겠구나
내가 좀 샘을 부렸더니
사람들은 나를 보고
꽃 샘 추위라고 부른단다.

나의 마지막 길도
아름답게 하소서

나는 보고 듣고 나는 만져도 보았다.
너무나 부드러운 손목을,
임종 얼마 남지 않은 우리 허 권사님을
말로만 듣던 믿는 사람들의 임종을 앞에 둔
그 모습 천사와 같으며
세 살 먹은 어린아이와 같은 부드러운 살결을
나는 만져보았다.
잠시 혼수상태에서 깨어나 천국 다녀오신
그분의 말씀을 나는 듣고 보았다.
누런 황금빛으로 가득하고 하아얀 밀짚모자로 된 모자 위에
노오란 금빛 나는 천국열쇠를 받아 가지고 왔다고...
본래 얼굴색은 검은 피부이신데
분을 예쁘게 바른 화장한 얼굴처럼
너무 예쁘고 화사한 그 얼굴 그 모습을

무어라 중얼거리시며 손을 높이 들고 손바닥에다 천국 열쇠를
그리고 계시는 그 모습을 나는 보았다.

눈물은 어디로 가고 행복과 감탄과 소망과 열의가 넘쳐흐른다.
허 권사님은 가셨지만 우리 모두에게 소망과 신바람을 주셨다.

허 권사님께서 너무 행복한 그 모습으로 천국 자랑 하실 때
그분의 언니, 팔십 넘으신 분이 '그렇게 좋으면 나도 너 있는
곳에 데려가 다오' 하시자
'아니야, 언니는, 돈으로 가는 곳이 아니요 믿음으로 가는 나
라요.' 그분은 평소 말이 없으신 분이다. 이제 우리 허 권사님께
서 온 가정과 친지들을 주님 앞으로 인도하시고 우리 모두에게
큰 소망을 주시고 사랑하는 성도들의 찬양 소리 들으시며 천사
의 모습으로 아름답게 우리 주님 사랑의 품 안에 안기셨구나.
그 따님의 말씀 하얀 옷을 입고 천군 천사들이 나를 맞으러 온
다고, 그 말씀 생각이 난다.
초상집이 변하여 잔칫집으로, 감격에 복받쳐 누구한테나 자
랑하고 싶다는 그분 며느리의 말씀.
지금 우리가 성경 공부하고 봉사하고 섬기고 주님의 지체 안
에서 서로 사랑하고 하는 모든 것이 그 목적지는 단 한 군데, 우
리 주님 품 안에 안기기 위해서, 우리 주님 계신 나라 천국을 가
기 위해서. 곧장 가든 돌아서 가든 목적지는 단 한 곳, 주님 계
신 곳, 천국 가기 위해서…
주여! 나도 마지막 길이 더 아름답게 아름다운 간증과 증거를

남기고 주님 품 안에 안길 수 있도록 도와주옵소서.

　수많은 천사들이 우리 허 권사님을 맞으러 나오듯 주여!

　저의 마지막 길에도 수많은 천사들 보내주옵소서

　나의 마지막 길도 아름답게 하옵소서

　주님! 이 모든 영광 받으소서

내가 가장 기쁠 때는

한 영혼을 사랑하시는 주님

아흔아홉 마리 양 잠깐 여기 있으라 하시고

한 마리 양 찾으러 찢기고 넘어지고 울면서

찾으러 다니시는 주님의 모습

찾았을 때의 그 기쁨, 모든 피로를 다 잊으시고

어깨에 둘러메고 마냥 행복해하시는

주님의 모습 나는 체험했다.

한 영혼 주님 앞에 인도할 때에

우리 주님 주시는 그 기쁨은 말로 표현할 수 없다.

영혼 구령의 마음을 쏟는 자에게 주시는 이 기쁨을.

예수 믿어도 기쁨이 없으세요?

한 영혼 영혼을 주님 앞으로 인도해보세요.

그 기쁨 말로 표현할 수 없습니다.

우리 주님 가장 좋아하시기 때문에

한 구역의 구역장으로서 한 사람이 인도될 때도 이렇게 좋은데

우리 주님, 우리 목사님 얼마나 행복해하시며 좋으실까

나는 체험했다.

새 신자 가정 심방하실 때 우리 이종영 목사님의

기쁨과 행복이 넘치는 그 모습 보고

우리 주님 얼마나 기뻐하실까

내가 전도한 사람이 열심히 교회 출석하는 것을 보면

그 기쁨은 말할 수 없고 교회를 떠나 세상으로 갈 때면

내 마음이 얼마나 아픈지 우리 주님의 마음

우리 목사님의 마음을 헤아려 본다.

내가 가장 기쁠 때는 전도할 때

더욱 기쁨이 넘칠 때는 인도된 사람

열심히 신앙생활할 때는 내가 가장 기쁠 때이다.

한 생명 주님 앞으로 인도할 때

우리 주님 주시는 그 기쁨

말로 표현할 수 없구나

내가 가장 기쁠 때

새봄에 돋아난
연한 새싹처럼

바람만 세차게 불어도 끊어질 듯 말 듯

손만 대도 부러질 듯한

그 연하고 순한 새싹이

겨우내 꽁꽁 얼었던 단단한

그 땅을 헤치고도 제 갈 길 목적이 있기에

온갖 고통과 고난 속에서도

포기하지 않고 새봄에는 꼭

그 고난을 이기고 여기저기에서

파릇파릇 승리했다는 표증을 보이기 위해서

쌩긋쌩긋 웃고 있구나

막 태어난 우리 아기의 부드러운 볼에

입 맞추고 싶은 그때 나의 마음을

사랑스럽고 부드러운 손길

티 없이 맑은 눈동자처럼

고난을 헤치고 돋아난 새싹을 보니

내가 우리 삼형제 낳아서

티 없이 맑은 얼굴의 모습을 보는 것처럼

너무 간지럽고 사랑스러워 보였다.

나도 고난을 믿음으로 헤치고

새봄에 돋아난 연한 새싹처럼

두 손 들고 부활의 기쁨 승리하리라

새봄에 돋아난 연한 새싹을 보고

우리 3층 계단 화분에서.

주님의 뜻을
이루소서

위대한 작가가 위대한 작품을 쓸 수 있을는지 모르나

위대한 시인이 위대한 찬송은 쓸 수 없다 하셨다.

가장 비천한 사람이 가장 위대한 찬송시를 쓸 수 있다 하셨다.

응답은 되지 않고 마음에는 냉기만이 감돌고

낙심될 때 주저하지 말고

주님이여!

우리의 삶에 어떤 일이

일어나도 좋사오니 주님의 뜻과 섭리만을

우리에게 이루어주소서 할 때

불평 갈등 괴로움은 어디론가 사라지고

주님의 위로와 평강 그 기쁨 우리에게

안겨주며 그 사랑 깨닫게 되지요

하나님의 일은 하나님의 계획된 때에

하나님의 방법대로 이루어주신다.

이것이 우리의 신앙고백이며

나의 신앙고백, 주님의 뜻을 이루소서.

주님을 부르십시오

우리의 신음소리에도

우리의 부르짖음을 들으십니다.

어떤 절망의 구렁텅이에서도

주님을 부르십시오.

부르짖을 때 건지십니다.

죄인 되어 연약해서 어찌할 바를

모를 때도 부르십시오. 구원해주십니다.

고난의 늪을 빠져나올 수 없을 때도

주님을 부르십시오.

두 손 잡아 이끌어내십니다.

우리의 연약함을 인정하고

주님의 이름을 부르십시오.

주님은 이 세상 어떤 것보다 더 우리를 사랑하십니다.

주님의 손을 잡으시고 주님을 부르십시오.

주님의 사랑을 깨닫게 되고

주님의 주시는 평안과 기쁨을 맛보실 것입니다.

날마다 주님의 이름을 부르십시오.

쓰디쓴 연못에
구속의 십자가만 던지면

우리는 태어날 때부터 마음에 쓰디쓴

연못을 안고 태어났다.

최악의 쓰디쓴 연못

항상 우리 곁을 따라다니는 쓰디쓴 연못의 물

아름다운 목련도 얼마 지나지 못해 떨어지듯

마음에 다가오는 허무와 공포 우울 불안

한 치 앞을 모르는 연약한 우리이기에

주여!

가슴속에 쓰디쓴 연못 물을

어떻게 달게 할 수 있을까요?

좌절과 실망 허무와 무의미 쓰디쓴 그 연못

물에 구속의 십자가만 던지면 마라의 쓴물 달아진다.

어디로 와서 어디로 가는지

무의미 속에 내일의 희망이 없으면

오늘의 절망과 외길을 걸을 수밖에 없다.

사람은 현실을 보고 마음은 미래를 보고

나의 마음속 쓰디쓴 연못에 구속의 십자가를 던지고

오늘 나는 어두움은 사라지고 마음의 기쁨과

감사와 소망 부활의 꽃이 활짝 피었다.

새벽기도예배에서 은혜받고

믿음의 경주에서
계속 뛰게 하소서

예수님께서

다시 오시는 날까지

우리가 부르심을

받을 때까지

믿음의 경주에서

이탈하지 않고

물러서지 않게 하소서.

믿음의 경주에서 계속 뛰게 하소서.

믿음의 경주에선 많은 굴곡과 시험이 있어도

믿음으로 견디고 이기어 믿음의 경주에서 승리하게 하소서.

응답될 수밖에 없는 기도

주여!

나는 죄인이로소이다.

내 자신의 죄인임을 깨닫고

나는 아무것도 할 수 없습니다.

나는 무기력하고 무능합니다.

나를 포기하고 하나님만 의지하며 아버지 부를 때

응답 될 수밖에 없습니다.

주님께서는 상한 심령과 중심의 통회하는 마음을

구원하시기 때문에…

심령을 토하며 아버지 부를 때

응답될 수밖에 없습니다.

내가 연약할수록 더욱 귀히 여기고

높은 보좌 위에서 낮은 나를 보시고

내가 무릎 꿇고 아버지 부를 때

그 한 마디에 응답될 수밖에 없습니다.

2000년 6월 9일 시은소교회 김성길 목사님 부흥성회

새벽기도하면서 은혜받고

출근길 감사

저마다의 주어진 일터를 찾아

눈의 초점은 목적지를 향해

아무 말 없이 걷고 있었다.

누가 뭐래도 내가 알게 뭐냐 그 모습으로

주어진 일터를 향하여 발걸음은

한없이 가벼워 보였다.

마음이 먼저 가서 허리를 굽히고 걷는 사람

가볍게 뛰어가는 사람

저마다의 발길은 순서대로 전철 안으로 들어왔다.

미남 미녀도 추남 추녀도

무거운 눈꺼풀은 이길 장사가 없나 보다.

부끄러움 없이 양 어깨에 기대며 조는 그 모습은

어린아이처럼 순수하게 보였다.

우리들이 아니, 수많은 저들 발길이 갈 곳이 있다는 게

얼마나 감사한 일인가?

출근길에 모습은 치열한 경쟁 속이 아니요

그래도 냉철함과 싱그러움과 저들의 발걸음은

한없이 가벼워 보였다.

출근길 전철 안에서…

일할 곳이 있다는 게 너무 감사해서

주님!
그 영혼을 불쌍히 여겨 주옵소서

주님!

그 사람은 하나님을 알지 못하기에

그럴 수밖에 없습니다.

저도 그랬으니까요.

그 사랑을 알지 못하고

먹어보지 못하고

만지지 못하고

어떻게 그 사랑을 알겠습니까?

주님! 그 마음 아시죠?

저의 마음도 아시죠?

너무 가슴이 아픕니다.

주님! 꿈속에서라도 우리 주님을

만날 수 있도록 도와주옵소서.

강퍅한 그 마음에 영안을 열어서

신령한 세계를 바라보게 하시고

하나님의 그 큰 사랑을 깨달아 알게 하옵소서.

저들 스스로 어찌해야 구원을 얻으리까

가슴 치며 주님을 부를 수 있도록 도와주옵소서

마음에서 감탄사가 나와

스스로 무릎 꿇고 주님을 부르게 하옵소서

주님!

내가 정한 태신자

오늘밤에

꿈속에서라도 주님을 만나게 하옵소서.

불가능을 가능케 하시는 주님!

그 영혼을 불쌍히 여기시고

악한 사단의 세력에서 이끌어내어

우리 주님 영접하게 하옵소서.

주님 도와주옵소서.

구원하심을 날마다
체험하게 하옵소서

하나님의 말씀 앞에
하나님의 약속 앞에서
겸손하게 하옵소서.
하나님과 나의 친밀한
관계 속에서
교제하고 동행한다면
날마다 순간마다
하나님의 구원하심을
체험합니다.
구원하심을 날마다
감사 감격하며
체험하게 하옵소서.

순간적인 기도

직장에서 일을 하다가도
차 안에서도 길을 걷다가도
아버지! 아시죠?
주여! 내 마음 아시죠?
우리 하나님 청각이 얼마나 좋으신지
불꽃 같은 눈으로 나를 바라보시고
위기 때에 짤막한 순간적인 기도
아버지, 불렀더니
나의 모든 기도의 소원 다 듣고 계시네
주님! 과거에도 나 어려울 때 함께하시고
고통 중에 응답하셨지요?
주님! 저의 심정 아시죠?
주님 감사합니다. 주님 감사합니다.

영혼의 정신 무장은
자연 속에서

자연 속에서 듣고 관찰하고 묵상한다면

전지전능하신 하나님의 소리를

들을 수 있습니다.

두려운 자 고독한 자 불행한 자

최선의 처방은 조용히 밖으로 나가

하늘과 자연 그리고 하나님을 만나는 것

자연은 매일 매일 우리가 감상할 수 있는

한 폭의 훌륭한 그림이다.

자연은 방황하는 영혼들에게

위안을 주는 양식이요

꽃들은 항상 사람들을

더 기쁘게 더 행복하게

더 유익하게…

그들은 영혼의 햇빛이요

양식이요 양약이기 때문에…

영혼의 정신 무장은 자연 속에의 하나님

『신나게 사는 인생』에서

내가 지쳐서
기도할 수 없을 때

당신이 지쳐서 기도할 수 없고
눈물이 빗물처럼 흘러내릴 때
주님은 우리 연약함을 아시고
사랑으로 인도하시네

찬양 가사처럼
너무나 힘이 들 때는
기도도 나오지 않고
너무나 절망적인 때는
하나님도 나에게서 얼굴을
돌린 것 같습니다.
한참을 엎드려 기도하면
세미한 주님의 음성으로
부르시고 위로해 주시는
주님의 사랑
주님! 사랑합니다.
사랑할 수밖에 없습니다.

천국 갈 때까지
기본을 잃지 않게 하소서

현실에 연약하여 장자의 명분을 경홀히 여긴

에서와 같이 되지 말고

내게 거저 주신 구원의 은혜에

날마다 감사 감격하게 하소서.

순간 연약하여 그리스도를 잃어버리지 말고

항상 내 마음 중심에 모시게 하소서.

내게 맡겨주신 작은 직분이라도

감사하며 충성하게 하소서

세상 연락 취하다가

예수님 잃지 않도록 도와주옵소서.

능력 있는 그리스도인이라도 영의 양식인 말씀 먹지 않고는

죄와 싸워 이길 수 없고 귀한 장자의 명분 팔 수밖에 없으니

하나님 가까이하게 하시고 말씀 사모하게 하소서.

성령 안에서 성령 충만하여

천국 갈 때까지

기본을 잃지 않게 하소서.

하나님께서
바라보시는 자

진실한 자
정직한 자
솔직한 자
간절한 자
진.정.솔.간 자 되게 하소서.

감사는 기적에 꽃을 피운다

감사는 마음의 꽃밭이요

감사할 때 기적의 꽃은 핀다오

고난과 역경 속에서도

감사할 수 있도록 은혜 주시니 감사하고

최악의 상태에서도

행운이 없을지라도 감사하고

구원의 은혜에 감사하고

구원의 하나님을 인하여

기뻐하고 감사하리로다.

예수의 향기

겸손의 향기

선행의 향기

이 향기 내게 주소서.

찬양하리라

절망적 상황이나
깊은 고통 속에서도
모든 것 하나님께 다 맡기고
기도와 찬양할 때
소망의 태양의 솟아오르고
고통의 심연 속에서도
감사와 찬송의 꽃이
피게 됩니다.
땅만 바라보지 말고
고개를 들어 신령한 세계
주님을 바라보십시오.
그때 비로소
근심의 안개는 걷히고
슬픔의 구름도 걷히고
예수 그리스도의 빛이 비치므로
영광의 무지개가 나타납니다.
찬양 속에 감사 속에

기적의 꽃을 피우시는
우리 하나님께 찬양하십시오.
내 영혼아
우리 하나님께 찬양하리라
찬양하라 내 영혼아
찬양하라 내 영혼아
내 속에 있는 것들아
다 찬양하리라 할렐루야

무릎 꿇는
자녀 되게 하소서

주님! 어렵고 괴롭고 힘들 때

무릎 꿇는 자녀 되게 하소서

주님! 사람한테 찾아가기 전에

먼저 하나님 앞에 나아와

무릎 꿇는 자녀 되게 하소서

주님! 전능하신 하나님의 사랑을 믿고

거짓 없고 진실하게 회개하며

무릎 꿇는 자녀 되게 하소서

주님! 하나님의 보호와 인도하심을 믿고

주님 앞에 나아와 무릎 꿇는 자녀 되게 하소서

주님! 사망의 음침한 골짜기에서도

하나님의 도우심을 믿고

무릎 꿇고 기도하게 하소서

주님!

무릎 꿇고 기도하는 자녀 되게 하소서

믿음으로 승리하게 하소서

한 해를 돌아보면서

한 해를 마무리하면서 자신을 돌아보고 회개합니다.

주님! 내실은 텅 비고 외모만 치장한 제가 아닌가요?

한없이 눈물을 흘리며 자신을 돌아보니

너무 부끄럽습니다.

알곡과 가라지는 같이 공존한다는데

주님 오시는 날, 속에 있는 알곡은

주님 계신 창고로 들여가고

쭉정이는 버리시고…

용모와 신장을 보지 말라

하시던 하나님 말씀

여러 형제 중 말째 다윗을 보고

내 마음에 합한 사람이구나 하신 것처럼

중심을 보시는 하나님

지나간 한 해에도 얼마나 사람 보기에

겉치장만 했었던가

내부 깊숙이 바라보니

너무 부끄럽고 죄송하구요.

주님! 이 딸의 중심을 살피시고

주님 보시기에 아름답고 부끄럽지 않은 삶을

살도록 도와주옵소서.

2000년 11월 26일 주일 새벽

십일월 마지막 주일 새벽 예배 때 은혜받고

내 자신을 돌아보면서

2000년 겨울

마음도 춥고 몸도 춥고 정신도 춥고
2000년 겨울은 너무 춥구나.
추워서 꽁꽁 얼어붙은 내 마음
주님의 은혜로 너무 따뜻해진다.
감격, 감동 하나님의 사랑
너무 커서 나는 한없이 울었다.
우리 남편 병원에서 투병 중 우리 형님 내외분
우리 시누이
남편 치료비 거금 삼백만 원을 주니
너무 고맙고 감사해서 우리 하나님께
너무 감사해서 한없이 울었었다.
너무 감사해서, 우리 일가친지 이웃, 믿음의 형제
그 사랑과 정성 우리 하나님의 은혜요
차가운 내 마음속이 예수의 사랑으로 다시 따뜻해졌다.

나는 행복한 사람 1

많은 소유에 행복이 있는 것이 아니더라

작고 적은 것에 감사할 때 행복이 시작된 것 같다.

모든 일에 감사하는 사람은

제일의 행복한 사람이다.

나는 가장 행복한 사람이다.

어떠한 어려움 속에서도

감사가 내 입에서 내 마음에서 나오니

나는 참 행복한 사람이다.

이 감사를 주신 하나님

감사합니다.

영광 받으소서

나는 행복한 사람 2

은혜받으면 내가 보여요

은혜받으면 보여요

은혜받으면 주고 싶어요

은혜받으면 주어요

은혜받으면 사랑해져요

은혜받으면 사랑해요

은혜받으면 용서해져요

은혜받으면 용서해요

은혜받으면 기쁨 있어요

은혜받으면 기뻐요

은혜받으면 감사해져요

은혜받으면 감사해요

은혜받으면 행복해져요

은혜받으면 행복해요

은혜받으면 평안 있어요

은혜받으면 평안해요

은혜받으면 나 자신이 보이고

주고 싶고 사랑하고 용서하고 기쁘고 감사해서 행복해요
예수 안에서

예수의 사랑과
기도 속에 묻혀있는 당신

당신이 병실 침대 위에 누워있는

모습을 바라보고 있노라면

당신의 모습 아주 편안하게 보입니다.

눈망울이 총총 빛나게 보이며 소망이 가득 차 보입니다.

당신 속에 하나님께서 계시니 그렇겠지요.

당신의 모습을 보고 있노라면

당신은 비록 당뇨 합병증으로 내부 기능 역할 다 죽은 상태

세상적으로는 생각하기조차 두렵고 끔찍한 일인데

예수 안에서는 아무것도 아닌 것처럼

그 모습이 너무 편안하게 보입니다.

내 마음도 역시 그렇구요.

내가 보기엔 당신 누워있는 모습을 보고 있노라면

예수님의 사랑 안에의 형제님들의

기도 속에 파묻혀 있는 당신의 모습입니다.

너무 편안하고 행복해 보입니다.

생명은 하나님께 있는 것, 잠시 보이다 없어지는 안개처럼

오늘이라도 부르시면 내가 사랑한 모든 것 뒤로하고

갈 수밖에 없는 당신과 나

당신 마음 편하게 먹으세요.

IMF 없는 천국

자녀 걱정, 물질 걱정, 아무 고통 없는 그곳

얼마나 좋으세요. 생각해 보세요. 상상해 보세요.

그러나 나는 어린 아들 삼형제 데리고

어떻게 살란 말입니까?

누구보다 똑똑하지도 억척스럽지도

지금까지 온실 속에 화초처럼 살아왔던 내가

나는 일터도 물질도 없습니다.

당신이 나를 생각해서라도

살아야 한다는 굳은 의지와 신앙을 가지고

희망을 잃지 마세요.

주님 앞에 다 내려놓고 기도합시다.

마음의 평안과 기쁨이 충만할 것입니다.

그리할 때 치료의 역사 기적의 역사가 일어납니다.

혹시 오라 하시면 더 좋은 곳 영원한 생명의 집으로…

이제 살려주시면

나만을 위해 사는 것이 아니라 하나님 나라와 그의

의를 위해 살아야 돼요.

내가 지금까지 신앙생활하면서

받은 은혜를 세어봅니다.

뒤를 바라보니 항상 이것도 하나님의 은혜였구나

나의 마음의 감사의 고백입니다.

내가 예수 믿지 않았더라면

내가 어떻게 되어있을까?

이 고난을 어떻게 극복하고 있을까?

생각하기조차 끔찍한 일인데…

예수 믿고 하나님 의지하고

하나님께서 주시는 평안과

믿음으로 감사하면서 잘 이기고 견디고 있으니

그 위에 얼마나 더 바랄 것이 있는가?

모든 것 다 잃을지라도 하나님 한 분만으로

나 자신을 이기고

예수 믿는 것이 이렇게 좋은 걸

이번 기회를 통해 우리 일가친지 이웃 교회

연약한 성도 강해지고 하나님의 살아계심을

체험하는 기회 되게 하옵소서.

모든 영광 하나님께 돌리면서 이만 줄입니다.

오늘도 예수의 사랑 속에 기도 속에 누워있는 당신의 모습

너무 평안해 보입니다.

2000년 12월 18일 새벽에

내 마음 깊은 곳에
감사 빼앗기지 않게 하소서

아버지!
아버지!
아버지!

내 마음 속에 감사의 보화를
악한 사단이 이 모양 저 모양으로
다 빼앗아 가려고 노리고 있는 것이
눈에 보이듯 합니다.
아버지!
나사렛 예수의 이름으로
물러가게 하소서

아버지!
넘어지지 않고
끝까지 넘어지지 않고
믿음으로 승리하게 하옵소서.
어떠한 고난과 역경 속에서도

감사 잃지 않고
믿음 안에서
감사 잃지 않게 하옵소서.

아버지!
감사합니다.
질병을 이기는 열쇠요
축복을 받는 열쇠요
환경을 이기는 열쇠요
고난을 극복하는 열쇠요
마음에 기쁨이 넘치는 열쇠요
이 감사의 열쇠
빼앗기지 않게 도와주옵소서.
나를 또한 넘어뜨리고
내 마음의 깊은 곳에 감사를
빼앗아 가려고 노리고 있습니다.
내 입술로 주님을 원망하게 하려고
내 입술로 주님을 불평하게 하려고
역사하고 있습니다.

아버지!
저에게 담대한 믿음과
소망과 기쁨 감사 잃지 않도록
붙잡아 주옵소서.
내 영혼 속에 깊은 감사
빼앗기지 않게
범사에 감사하게 하옵소서.

우리 남편 고대병원 입원하는 날

고대병원 교회에서
특송으로 하나님께 영광

예수님 오신 날

2000년 12월 25일

주님! 감사합니다.

주님! 너무 감사합니다.

나 같은 못난 인간 주께서 살리시고

고대병원 교회에서 예수님 오신 이날

특송할 수 있도록, 아니 은혜 송 할 수 있도록

특권 주심을 감사합니다.

약한 나를 강하게 하신 주님

비록 죽음 앞에서

믿음의 눈으로 바라보고 감사와 평안의

찬양으로 하나님께 영광 돌림을 감사합니다.

죽음 앞에서도 믿음의 소망 주셔서

내 영혼 속에서 평안의 열매 가득 맺혀

영혼의 깊은 속에서 감사와 평안의

찬양 흘러나오니

중심으로 감사드립니다.

주님!

어떠한 어려움 속에서도

이 평안, 감사 기쁨 잃지 않도록

믿음의 확증을 내게 주시옵소서.

이 모든 영광과 찬양과 감사를

우리 예수님 이 땅에 오신 날

내 영혼 깊이 감사드립니다.

내게 주신 이 평화 입을 열어

우리 주님께 은혜 송을 올려 드립니다.

찬송 412장 "내 영혼의 그윽히 깊은 데서…"

당신의 모습에서

당신의 모습 너무 아름답습니다.
천군 천사가 당신의 고통과 아픔
둘러싸서 지키고 계십니다.
당신의 모습 너무 평안해 보입니다.
당신의 모습에서 주님의 사랑을
맛보고 있습니다.
당신의 모습에서
위로와 소망을 받습니다.
입을 열어 복음 전하지 않아도
당신의 모습과 우리들의 행동에서
주님의 사랑과
주님의 영광이 나타나 보입니다.
끝까지 주님의 영광
나타나게 하소서.
당신의 모습에서 그 평안한 그 모습에서
우리 주님 영광 받으시길 기도합니다.

고대병원 병실에서

진실한
눈물이 있는 예배

목자의 음성 싫어서 내 마음대로 살았네
찢기고 상한 심령 상한 마음으로 아버지 앞에
두 손 들고 무릎 꿇는 심정으로 아버지 부르면서
눈물을 흘렸네
우리 환우들의 마음 진실한 마음이 아닐까요

주님!
왜 내가 고대병원 교회에서
예배를 드려야 합니까?
주님! 감사합니다.
이곳에서도 계시네요
어느 곳을 가든지 주님 앞에 나아와
예배 할 수 있도록 은혜 주시니 감사합니다.
지난날의 잘못을 뉘우치고 나의 연약함을 보면서
흐르는 눈물의 줄기, 소리 없이 내리네
여기저기서 소리 없이 흘러내리는 눈물
훌쩍거리는 소리

우리 하나님께서 측은히 보시고 그 상한 마음

어루만져 주시리라 믿습니다.

꺼져가는 심지 끄지 아니하시는 사랑의 주님!

저 환우들의 마음 중심을 보시고

용서와 사랑으로 치료해 주옵소서

진실한 예배 눈물이 있는 곳에

하나님의 사랑이 보입니다.

오! 주여!

내 마음과 내 영혼이 썩지 않도록 주의 말씀으로만

살게 하옵소서

고대 병원교회 예배 다녀와서 병실에서

구로성모병원으로
옮기던 날

고대병원 큰 병원에서

작은 병원 구로성모병원으로 옮겼다.

큰 병원에서 작은 병원으로 오는 그 마음은

가슴이 찢어지듯, 도려내듯

아프고 괴로웠었다.

울기도 많이 울었다.

그러나 이것까지도 우리 하나님의 은혜였구나

작은 병원 응급실

우리 집 근처 가까운 병원

구로성모병원 들어서자마자

우리 집사님들의 병문안, 또 그 사랑에 나는 울고 말았다.

너무 감사해서

작은 응급실에 들어서자마자

우리 안방처럼 편안함을 느꼈다.

나도, 우리 아들도 우리 남편도

여기오니까 참 편하고 우리 집 같다고

서로의 입을 열어 감사했다.

우리 교회 근처라 우리 집사님들, 권사님들
장로님들 우리 형제자매들의 예수 사랑은
더 커진 것이다.
주님!
감사합니다.
감사합니다.
지나고 나면 이것도 은혜였구나
나의 고백으로 하나님께 감사했다.

응급실에서의 심정

예수 안에서 형제자매의
사랑의 큰 위로

구로성모병원 306호실

병실 안에는 예수 그리스도의 사랑의 열기로

가득 차 있었다.

예수 사랑의 따뜻한 그 사랑

믿음의 형제자매의 그 사랑

얼마나 포근하고 감사한지

마음에 큰 위로가 되었다.

병문안 오셔서 뜨거운 찬양의 열기

우리 윤조훈 장로님의 시편 46편 말씀

'하나님은 우리의 피난처시요

환난 중에 만날 큰 도움이시라'

말씀낭독과 기도

이곳에서도 하나님이 계시는 성전이고

그 어디나 하늘나라

은혜가 충만한 병실 안에서의 느낌이다.

아름다운 우리 집사님들의 찬양과 기도

꽃 속에서 기도 속에서 사는 우리 남편

너무 행복해 보였다.
우리 형제자매들의 사랑을
너무 받기에 어떻게 보답을 해야 될지
나 자신을 반성하면서 다짐하며
나도 위로해주며 위해 기도해주며
찾아가는 발걸음이 되겠노라고…
하나님! 감사합니다.
나 혼자 예수 사랑 독차지한 것처럼
우리 형제님들의 그 사랑 그 은혜
어떻게 보답해야 할지
뜨거운 마음으로 눈물로 감사를 드립니다.

2001년 1월 14일 주일 낮에

당신은 행복한 사람

한 달 20일 병원 생활 다 뒤로하고

우리 주님 계신 하늘나라로 가셨네요.

눈물, 고통, 질병이 없는 우리 주님 계신 나라로…

당신은 참 행복한 사람입니다.

모든 짐을 다 나에게 다 맡기고 가셨네요.

못 믿어서 어떻게 맡기고 가셨나요?

하나님 사랑 성도들의 뜨거운 사랑 친지들의 감동적인 사랑

이웃사랑 삼형제의 사랑

마음껏 받고 하늘나라 가는 그 모습

내 마음속에서는 당신은 참 행복한 사람

내가 잘못한 것만 생각나며 찢어지는 내 가슴

믿음으로 달래며 저 천국 아름다운 황금길

그곳의 소망으로 내 마음 달래며

당신은 기도 속에 사랑 속에 묻혀있습니다.

당신의 마지막 그 길이 너무 편안하게 보여서

감사기도 드리면서

주님께서 당신을 사랑하시고

우리 가정을 또 나를 사랑하시는 것이
눈에 보이듯 합니다.
우리 주님 사랑 안에서
마지막 임종을 생각하며
당신은 참 행복한 사람입니다.
나도 참 행복한 사람입니다.

2001년 1월 16일 화요일

천진난만한
당신의 얼굴

천군 천사 보내어

당신을 둘러 보호하고 계시네요.

부드럽고 뽀오얀 당신의 얼굴

우리 주님 사랑이 눈에 보이듯 합니다.

어쩜 그렇게도 세 살 먹은 어린아이가 엄마 품에서

젖 배불리 먹고 새근새근 자고 있는 천진난만한 그 모습,

그 얼굴이 바로 당신의 얼굴 표정의 모습입니다.

거짓과 욕심 세속적인 어른의 모습은

다 어디로 가고 어쩜 그렇게도 예쁜 당신의 모습입니까?

내 눈에서 다시 그려집니다.

거짓이나 꾸밈없는 당신의 천진난만한 그 얼굴

그 모습 너무 아름답습니다.

예수 사랑 안에서의 임종은 이렇게 아름답게 어린아이로

다시 태어나나 봅니다.

천진난만한 당신의 얼굴 다시 보고 싶습니다.

쏟아지는
눈물 막을 수가 없구나

톡 하면 터지는 눈물 막을 수가 없구나

참고 참으려고 이를 악물어도

쏟아지는 눈물은 막을 수가 없구나

손끝만 닿아도 쏟아지는 눈물

눈빛만 봐도 쏟아지는 눈물

작은 전화벨 소리만 들어도 쏟아지는 눈물

천 마디 백 마디로 위로해줘도

한 구석에선 그리움 보고픔

내 자신의 잘못, 생각하면

칼로 도려내는 듯이 아픔의 눈물은

어느 누가 막아주랴

다시는 돌아오지 않는 당신의 모습

그 목소리…

내가 가서 그날 아침 그 문에서 만나리라

주님 계신 그곳에 당신도 계시니

그 소망으로만 쏟아지는 눈물을

막을 수가 있구나 천국 소망으로…

주님!
그날 아침 그 문에서 만날 것을
기대하며 이제 그만
쏟아지는 눈물
그치게 하소서.

주님 주신 능력으로
이제 그만 일어서리라

일어서자

주님께서 주신 능력으로

이제 그만 일어서리라

나 혼자 홀로 앉아 울지만 말고

열흘의 아픔 그리움 보고픔

다 털어버리고 옛날 그 모습으로

다시 나는 일어서리라

새벽에 무릎 꿇고 기도하며 승리하리라

우리 신랑 되신 예수님 옆에 모시고

나는 오늘 첫 발걸음을, 아니 온실 속에서만 자랐던 꽃

세상 속으로 들꽃 되기 위해, 들꽃 되기 위해

일어나서 걸어야 한다. 먼 길을 향해...

내가 울고만 있으면 누가 내 대신

해줄 사람도 없을 것이요

내가 머나먼 이 길을 헤쳐 나아갈 이 길을…

나는 일어서리라 나는, 나는… 일어서리라

주님 주신 능력으로 나는 일어서리라

자신을 이기는 것이 성을 빼앗는 용사보다

낫다는 말씀 의지하여

나는 일어서서 걸어가야 된다.

첫 발걸음 세찬 바람에도 쓰러지지 않는

들꽃 되기 위해

압구정을 향해 일어나서 가는

내 모습 그 순간 한없이 울었지만…

또 울고, 또 울고

내 눈물 닦고 나는 일어서야 한다.

우리 주님 내 곁에 계시니

사망의 음침한 골짜기에도

우리 주님 나와 함께하시니

두렵지 않네.

우리 주님 주신 새 힘 받아

나는 다시 일어서리라

너와 나 가야 할 그 길

나도 너도 한 번 가야 할 그 길
나에게도 너에게도
생명을 연장시킬 뿐
언젠가는 가야 할 그 길
구원받은 성도라 해도
항상 웃음으로 사는 것이 아니요
항상 과수원 길만 걷는 것이 아니요
꽃밭 대신 물결치는 바다
과수원 대신 가시밭길
이것이 너와 나 걸어가야 할
길이라오.
이 고난의 길에서만이
하나님을 만날 수 있고
그 사랑 받을 수 있고
그 사랑 느낄 수 있고
그 사랑 맛볼 수가 있다오.
문제가 주어질 때

다른 문을 여시고

우리를 기다리시는 주님

그분의 손을 꼭 잡고 꼬옥 잡고

그분 계신 곳을 향하여

너와 나 가야 할 그 길

믿음으로 헤쳐나가리라

너와 나 가야 할 그 길을 향해…

그 길만이 구원의 길

그 길만이 생명의 길이기에

너도 나도 가야 할 그 길

장례식 마치고

새벽제단으로 인도하신
하나님 감사합니다

새벽제단 기도의 산 제물 되게 하소서.

무릎 꿇지 않고는

괴로워서 못 견디게 하소서.

처음보다 나중이

더 아름다운 믿음 되게 하소서.

믿지 않는 사람

믿음 약한 성도들에게 천국 소망 주게 하시고

마지막에

아름다운 간증과 증거를 남길 수 있는

기념비적인 믿음 되게 하소서.

새벽제단에 기도의 산 제물 되게 하소서.

장례식 마치고

오직 주만
바라보나이다

주님! 내 손을 꼭 잡고 가소서

주님! 우리 삼형제 손을 꼭 잡고 가소서

주님! 나는 한순간도 주님을 의지하지 않고는 살지 못하나이다.

오늘 새벽 미명에 주님 전에 불러주심 감사합니다.

오늘 나의 모든 짐을 다 맡기고 갑니다.

주님!

거룩하시고 그 의로운 오른손으로

놓치지 않도록 내 손을, 우리 삼형제 손을

꼭 잡고 가소서.

내 작은 신음소리에도

내 작은 생각 속에서도

나와 우리 가정을 사랑하시는 주님

내 연약한 이 손을 꼭 잡고 가소서

오직 주만 바라보나이다.

주님!

꼬-옥 잡아주소서
오늘도 우리 삼형제
주님 손에 맡기고
일터로 나갑니다.
오늘도 어느 곳을 가든지
무엇을 하든지
우리 삼형제의 손을
꼬-옥 잡아주소서
꼬-옥 잡아주소서

2001년

우리 남편 하늘나라 가고

아침마다 일하러 갈 때 출근길에서의 나의 기도

들꽃 되게 하소서

온실 속에서만
자란 화초
강하고 세찬 바람에도
쓰러지지 않는
들꽃 되게 하소서.

하나님! 나는
믿음 안에서만이
들꽃이 될 수 있습니다.

주님께 맡긴 나의 삶

주님께 맡긴 나의 삶

근심 걱정 없다오

뒤를 돌아 세어보니

주님의 은혜와

사랑 아닌 것이 없다오

그 사랑하는 섭리 속에

내 생각보다

먼저 가시면서

준비하시고 인도하시는

주님이 계시기에

주님께 맡긴 나의 삶

근심 걱정 없다오.

나보다 먼저 가시면서

인도해주실 주님이 계시기에

오늘도 주님 주신

평안 속에

언제나 함께하시는
주님이 계시기에
주님께 맡긴 나의 삶
근심 걱정 없다오
앞으로도 나의 삶
먼저 가시면서 준비하시는
주님이 계시기에
나 그러한 믿음이 있기에
주님께 맡긴 나의 삶
근심 걱정 없다오.

우리 남편 장례식 마치고
삼형제 데리고 살아갈
앞길을 생각하니
막막하다가
나의 삶을
인도하시고 준비시켰던
그 사랑 생각하니
모든 것 주님께 맡기고
내 마음 얼마나 평안한지

20년 전부터
오늘 내가 당할 고통 알고 계시었네

나의 연약함을 아시는 주님

아- 그 사랑

그 은혜

놀랍고도 놀랍도다.

하루에 무슨 일을 당할지 모르는

너와 나 우리인데

한 치 앞을 모르는 너와 나

우리인데

놀라우신 그 사랑 그 은혜 그 계획

내가 이십 년 후에 어떻게 될지

먼저 아시고 준비시켜 주셨던

그 사랑 그 은혜

너의 성격은 꼭 우울증에 빠져

헤어나올 수가 없겠구나 하시면서

내가 너를 지명하여 불렀나니

너는 내 것이라

하시면서 내 손을 이끌어내시더니

오늘 나와 함께하시네
나 자신을 환경을 세상을
이길 수 있는 믿음의 큰 힘을 주셨네
아– 놀라우신 그 사랑, 그 은혜
만 입이 있다 해도 그 사랑 그 은혜에
다 감사드리지 못해
내 영혼 속에 깊은 감사의 눈물로
찬양드립니다.

천국의 소망 가지고

천국의 소망 가지고
오늘의 눈물 그치네
말씀과 기도 하면서
오늘의 아픔 이기리
그날 아침 그 문에서
그날 아침 그 문에서
만나는 소—망 가지고
오늘의 슬픔 이기리

새벽기도 마치고

우리 남편 너무 보고 싶을 때 천국 소망 가지고

항상 고백하는
삶을 살게 하옵소서

고백하는 삶에는
죄가 침범할 수 없고
고백하는 삶에는
사탄이 범접할 수 없고
고백하는 삶에는
성결의 맛을 볼 수 있고
고백하는 삶에는
기쁨과 평화가 넘치고
죄를 고백하면
고백할수록
은혜는 더욱 많아지고
받은 은혜 더욱 많으니

감사와 평화가 넘치게 되고
감사와 평화가 흘러넘쳐
신앙인의 최고의 열매인
찬양의 열매가 맺히고

내 영혼의 깊은 데서
흘러넘쳐 내 입에서
찬양이 나오네
항상 고백하는 삶을
살게 하옵소서

마음의 평안과 감사

날마다 감사하는 마음

주시니 감사합니다.

날마다 평안과 기쁨

주시니 감사합니다.

현재 감사하는 사람만이

지난날의 고통을 잊을 수가 있기에

마음의 평안과 감사

주심을 감사합니다.

감사와 평안 빼앗기지

않도록 새벽마다 주의

제단에 올라가게 하소서.

그 병원 앞을
지나노라면

아침 출근
오며-가며
그 병원 앞을 지나노라면
내 마음은 왜 그리움으로
변하는 것일까?

누군가 나를 바라보지도 않는데
누군가 나를 기다리지도 않는데
누군가 나를 부르지도 않는데
나는 그 병원 앞을 지나노라면
발걸음을 한 발 멈추고
뒤를 돌아보고 또 걸어가다가
다시 한번 뒤를 돌아보고
오늘은 그냥 가야지 하면서도
또 돌아보고
아무도 없는데
천국 소망 가지고 나는 오늘도

그 병원 앞을 감사하며
지나가고 있다.
그날 아침 그 문에서 만나는
소망 가지고

우리 남편 집사님 마지막 병원

구로성모병원 앞을 지날 때 출근길에서

내 영혼이 날마다

내 영혼이 날마다
하나님의 말씀을 사모하나이다.

주여! 내 영혼이 하나님의 말씀 앞에
　　　날마다 자신을 돌아보게 하소서
주여! 내 영혼이 하나님의 말씀 앞에
　　　날마다 평안하게 하소서
주여! 내 영혼이 하나님의 말씀 앞에
　　　날마다 순종하게 하소서
주여! 내 영혼이 날마다 하나님의 말씀의
　　　새 노래를 부르게 하소서
주여! 내 영혼이 날마다 하나님의 말씀에
　　사로잡히게 하소서
내 영혼이 날마다 하나님의 말씀을 사랑하나이다.
주여! 내 영혼이 말씀 사모함의 고백을 받아주소서

주님!
이 시간을 받아주소서

물질보다 더 귀한 것
새벽 시간을 드리오니
받아주소서
이 시간 드리는 것은
아직 내 생명이 살아있다는
증거요
맑고 아름다운 새벽
이 시간을 받아주소서
맑고 아름다운 성도
되기 위해서
새벽제단 기도의
산 제물 되기 위해
이 시간을 받아주소서

기도의 힘

격려 가운데서
가장 큰 격려는
기도이다.
지식과 지혜가 모자라도
기도가 있으면 모든 것이
능가하게 된다.
기도는 돈보다 힘이 있다.
기도는 이 세상에서
가장 강력한
힘의 원천이 된다.

『가족끼리 사람끼리』에서

언약의
    약속 무지개

주님이 나를 구원해 주셨기에
주님이 주신 말씀 사모하기에
주님이 주신 말씀 먹고 살기에
주님께 나의 모든 것 오늘도 맡기기 위해
나는 새벽길을 걸어갑니다.
새벽을 깨우시는 우리 주님
나는 큰 복을 받았지요.
내가 지치고 피곤하여
넘어질 때면 우리 주님께서 주신
약속의 무지개로
나를 위로하시네
일곱 줄의 둥근 원형의 무지개
가로등을 감싸고 있는 무지개
말로 표현할 수 없는 일곱 줄의 무지개가
가로등마다 감싸고
그 빛은 눈이 부시게 너무 아름답고
가로등 안에서 그 빛이 퍼져가는 광채는

눈이 부시게 아름답구나
우리 주님께서 나를 이렇게 사랑하시는데
때로는 너무 힘들 때면 우리 주님께서
찬란한 무지개의 빛으로
나를 위로해주시고 새 힘을 주시네
일곱 줄의 아름다운 무지개로…

새벽기도 가는 길 가로등 밑에서

돈으로 살 수 없는 것

내게 있고

행복과 우정은 살 수 없고

그러나 주님이 주시었네

식욕과 건강도 살 수 없고

그러나 주님이 주시었네

평안과 감사도 살 수 없고

그러나 주님이 주시었네

기쁨과 잠도 살 수 없고

그러나 그것도 주시었네

내게 주신 하나님의 선물이라

구원과 은혜와 성령의 선물

나는 거저 받았다오

돈으로 살 수 없는 것들

주님이 내게 주시었네

주의 말씀의 맛이
내게 어찌 그리 단지요

내 영혼이 날마다

주의 말씀을 사모하나이다.

오늘도 내게 주실 말씀이

무엇인지…

그 말씀을 사모하며 기다리나이다.

주의 말씀은 내 입의 꿀이요

내 뱃속 깊이 스며드는 생수요

내 삶의 힘을 더해주는 활력소요

내 영혼의 배고픔을 채워주는

영의 양식이나이다.

내게 가진 것 얼마 안 되어도

내 영혼이 주의 말씀을

너무나 사랑하고 사모하기에

내 영혼이 배부르나이다.

내 영혼의 평안과 기쁨이 넘치나이다.

주일 새벽기도 마치고 큰 은혜 받고서

예배의 삶이
풍성할 때

좋은 만남은 우리의 삶을
변화시키듯
예배의 삶이 풍성할 때
찬송 속에 임재하시는
우리 주님 만나게 되지요.
예배의 삶이 풍성할 때
기도 속에서 우리 주님
만나게 되지요.
예배의 삶이 풍성할 때
천국을 체험하게 되지요.
예배의 삶이 내게 풍성하게
하소서.

새벽이면
무릎 꿇고 아버지 1

새벽이면 무릎 꿇고 '아버지'

그 이름 부를 때마다

따스한 그 손길

그윽한 그 눈길로

나를 감싸주시네

아버지의 사랑 내 영혼 속에

폭풍처럼 밀려올 때

그 사랑 인하여 감사의 눈물

찬양 되어 흐르고

괴로움의 베옷 벗어버리고

주님만을 섬기리

새벽이면
무릎 꿇고 아버지 2

그 이름 부를 때마다

내 어깨 위에 손을 얹어

위로하시며

내 눈물 씻겨주시네

아버지의 사랑 내 영혼 속에

물밀듯이 파고 들어와

그 사랑 인하여 감사의 눈물

찬양되어 흐르고

주님 만날 그날까지

무릎으로써 승리하게 하소서

새벽이면
무릎 꿇고 아버지 3

새벽이면 무릎 꿇고 아버지
그 이름 부를 때마다
내 너를 사랑한단 주님의 음성
내 영혼에 사무쳐오네
아버지의 사랑 내 영혼 속에
생수 되어 흐르고 있네
그 사랑 인하여 감사의 눈물
찬양 되어 흐르고
내 모습 이대로 주님 받아주소서

우리 남편 장례식 마치고
10가지 감사

1. 찬양과 기도 속에서 천국으로 고통 없이 편안하게 불러 주심을 감사합니다.
2. 임종하자마자 가슴에 손을 얹고 감사 기도드리게 하심을 감사합니다.
3. 성도, 친지, 이웃의 뜨거운 사랑 받고 삼형제에게 감사할 수 있는 마음 주시니 감사합니다.
4. 경제적으로 생각해서 날짜와 시간까지 지켜주심을 감사합니다.
5. 날씨를 변하게 하시어 목사님의 부흥집회를 못 가시게 하시고 당회장 목사님의 마지막 축도 받게 하심을 감사합니다.
6. 꽁꽁 얼어붙은 날씨 피해서 장례식 날을 봄 날씨처럼 좋은 날씨 주심을 감사합니다.
7. 화요일부터 토요일까지 다 마치고 주일을 지킬 수 있게 하심을 감사합니다.
8. 이때를 위해 1년 전부터 따로따로 잠자리하게 하심을 감사합니다.
9. 한 달 20일 동안의 병실에서 삼형제의 뜨거운 사랑을 받는

모습을 보고 감사합니다.

10. 총책임을 맡아 고생하신 형님 내외분, 박부웅 집사님과
    최귀남 권사님께 깊은 감사 드립니다.

남편 하늘나라 간 지
몇 개월 지나서

나의 필요를 채워주시는 하나님

내 눈물도 내 기쁨도 내 고난도 아시는 주님

머리털까지 세시는 우리 하나님

내가 하나님을 항상 찬송함이여

하나님을 찬송함이 내 입에 계속하리이다.

내 영혼이 하나님을 자랑하리니 낙심한 자가 이를 듣고 새 힘을 얻으리로다

나와 함께하시는 하나님은 피곤치 않으시고 졸지도 아니하시나이다.

내가 어려울 때 하나님을 불렀더니 내게 응답하시고 내 모든 어려움에서 나에게 새 힘을 주셨도다. 아멘

궁핍한 중에 부르짖었더니 부르짖기 전에 그 사람의 마음을 움직여서 그 주머니를 털어 나를 도우셨도다. 하나님께서는 자기를 경외하고 앙망하는 자를 둘러 진 치고 건지시고 붙드시고 도우시는도다. 아멘

하나님의 선하심을 맛보아 그 사랑을, 그 살아계심을 깨달아 알게 하시니 나는 항상 하나님을 찬송하리이다. 힘 있는 자는 궁핍하여 주릴지라도 하나님을 경외하는 자는 생각만 해도 그 모든 것을 채워주시리라. 하나님의 눈은 외모로 보지 않으시고 외식이나 가식 없이 진실하게 부르짖는 믿음의 사람을 보시고 그 부르짖음에 응답하시는도다. 마음이 상한 자에게 가까이하시고 중심의 통회하는 자를 구원하시는도다. 예수를 중심에 영접한 사람은 의인의 복을 받았음으로 고난이 있으나 그 고난으로 말미암아 큰 사랑을 알게 하실 뿐 아니라 그 늪에서 건지시는도다. 항상 하나님을 경외하고 앙망하는 자는 독수리가 날개 치며 올라가는 힘을 주시리로다.

나의 힘이 되신 여호와여 내가 주님을 사랑합니다. 주는 나의 반석이시며 나의 요새시라 주는 나를 건지시는 나의 주 나의 하나님 나의 피할 바위시요 나의 방패시라 나의 하나님 나의 하나님 그는 나의 여호와 나의 구세주. (아멘)

남편 하늘나라 가고 이 말씀 안에서 새 힘을 얻었도다.

2001년 8. 19. 주일 새벽기도 마치고

주여!
어린아이와 같이 되게 하소서

꾸밈없이 거짓 없이 있는 그대로
단순하게 하소서
그대로 믿고 의지하고
흠모하게 하소서
주위에 아랑곳없이
있는 그대로 내 모습
나타나게 하소서
주여! 어린아이와 같이
되게 하소서

하나님 앞에
부요한 자 되게 하소서

사람이 볼 때는 가난해도
하나님이 볼 때는 부요한 자가 되게 하소서.
사람이 볼 때는 부요해도
하나님이 볼 때는 가난한 자가
되지 않게 하소서.

그러나 사람이 볼 때도 부요하고
하나님이 볼 때도 부요하면
더욱 좋겠지만…
그렇지 않을 경우에는
사람이 볼 때는 가난해도
하나님이 볼 때
부요한 자가 되게 하소서. 아멘

내 영혼을
싸고 있는 이 평화

내 영혼의 평화가 넘치게 하신 주님
하늘에서 내려오는 이 평화를
어느 누가 빼앗아 가겠는가?
로마서 8장 35절
"누가 우리를 그리스도의 사랑에서 끊으리요 환난이나 곤고
나 박해나 기근이나 적신이나 위험이나 칼이랴"

맛보지 못한 사람은 모를 것이다.
하나님의 선물이요 내게 주신 복이요 내 마음속에 결실하는
성령의 열매요
내 영혼의 평화가 흘러넘쳐서 새 노래로 찬양하고 찬송하리
로다.

하나님께서 하시는 일은
누구도 못 말려

우리가 기도하다가 이루어지지 않는다고 해서 낙심하거나 포기하지 말자.

하나님의 때가 되면 하나님의 방법대로 하나님께서 하시는 일은 누구도 못 말려

새벽마다 위하여 눈물로 기도했고

주의 사랑 주었건만 그 사랑 모른 체하더니

우리 하나님 그 영혼 너무 사랑하기에

꿈속에서 하나님 만나게 하시고

그 강퍅한 그 마음 어떻게 움직이셔서 새벽예배 수요예배 주일예배 나오게 하십니까?

하나님께서 하시는 일은 참으로 못 말려

내 열심, 내 힘으로, 내 방법대로 하지 않게 하시고

우리 하나님 한 번 구원코자 작정된 자는 꿈속에서라도 만나주시니

우리가 기도하다가 선한 일 하다가 낙심하지 않게 하소서.

하나님의 뜻대로 때가 되면 하나님의 방법대로 부르시는 그 모습 보고

참 하나님은 못 말려

내 영혼의 깊은 감사

생활 속에서 작은 것 적은 것 하나 하나에서 감사 감격 할 수 있도록

은혜 주신 주님을 내 영혼이 찬양하나이다.

내 영혼이 내 입술이 내 평생 주님 앞에 서는 그날까지 내 영혼의 감사의 찬양

끊어지지 않게 하소서.

오늘도 내 발걸음을 인도하시고 내 중심의 기도를 응답하시며 나와 함께하심을 내 영혼이 주님께 찬양하나이다.

새벽 미명에 사랑의 주님을 만나 뵙고 나의 무거운 모든 짐을 우리 주님께 다 맡기고 일터로 나서는 내 발걸음은 한없이 가벼우며 내 영혼의 평화가 넘치나이다. 아멘 아멘 할렐루야.

첫 신앙생활을
새벽제단에 오르게 하신 하나님!

나는 생각하면 눈물겹게 감사합니다. 나의 연약한 체질을 아시고 "너는 일주일에 한 번 말씀 먹고는 네 자신과 유혹을 이길 수가 없겠구나" 하시며 새벽마다 깨워 주시고 기도로 말씀으로 살아가라고… 아침 저녁 매일 매 순간마다 우리 목사님들 "무엇을 먹일까?" 기도하시며 하나님의 말씀을 먹이시니 나는 그 말씀 먹고 삽니다.

"주의 말씀을 열면 빛이 비치어 우둔한 사람을 깨닫게 하나이다"(시편 119:130)

지금은 혹시 새벽에 한 번 빠지면 더 피곤하지만, 말씀 먹고 찬양하고, 기도하면 몸도 가볍고 마음도 평안하고 기쁘고 즐겁고 어디를 가든지 예수 자랑하고 나는 예수 믿는 사람이라고 담대히 말할 수 있는 담대함, 자신감 주시니 얼마나 감사한지 모릅니다.

우리 남편 집사님이 2001년 1월에 하늘나라로 먼저 갔지만,

찬송가 235장을 부르면 우리 남편 집사님이 하늘나라에서 우리 주님과 얼마나 기쁘고 즐겁게 지내는지 천국에 대한 확신이 오며 나도 기쁨이 충만합니다. 천국에 대한 확신 없는 사람은 235장을 깊이 생각하면서 불러보세요. 천국의 확신이 옵니다.

"내가 예수 안 믿었으면 지금쯤 어떻게 됐을까?" 생각하기도 끔찍합니다. 이때를 위함인지 우리 하나님께서 나를 강권적으로 불러 신앙 훈련시키시고 하늘에 소망을 두고 넉넉히 자신과 세상과 환경을 이길 수 있는 은혜 주시니 얼마나 감사한지 모릅니다.

"주의 말씀의 맛이 내게 어찌 그리 단지요 내 입의 꿀보다 더 다니이다"(시편 119:103)

내가 어렵고 힘들 때 무엇이 필요한지 아시며 채워주시는 하나님!

내가 무릎 꿇고 '아버지'만 불러도 나를 바라보시고 내 등을 다독거리시며 위로하시는 그 사랑 때문에 나는 많이 울었지요.

나는 성현교회가 영적 신앙의 첫사랑입니다. 말씀 충만한 우리 교회 목사님 사모님만 봐도 마음의 평안과 위로로 은혜를 받습니다. 지금까지 예수 안에 살면서 받은바 은혜와 사랑 체험한 것, 느끼고 깨달은 것, 성령의 인도하심을 작은 책자라도 에벤에셀의 기념비를 세워 사랑하는 우리 성도님들 예수 없이 살아가는 사람, 또 우리 후손들에게 신앙의 유산으로 남기고자 하나님께 지혜를 구하며 감사의 글, 감사의 시를 적어 가고 있습니다.

로마서 8장 28절 "합력하여 선을 이루시는 하나님", '지나고 나면 이것까지도 하나님의 은혜더라' 나의 신앙고백이면서 그 말씀에 힘을 얻고 감사하면서 살아갑니다. "주님 앞에 서는 그 날까지 무릎으로 승리하게 하시고 주님 주신 평안과 감사 빼앗기지 않도록 날마다 성령으로 충만케 하옵소서" 기도하면서 이 모든 영광을 하나님께 돌립니다.

주님의 아픔과
나의 아픔

나의 가슴 도려낼 듯 아프지만

우리 주님의 아픔과 비교할 수 없으리

나의 머리 쪼개질 듯 아프지만

우리 주님 가시면류관 비교할 수 없으리

나의 눈에서 쏟아지는 괴로운 눈물은

우리 주님의 사랑의 눈물과 비교할 수 없으리

이사야 41장 10절

"두려워하지 말라 내가 너와 함께 함이라 놀라지 말라 나는
네 하나님이 됨이라 내가 너를 굳세게 하리라 참으로 너를 도와
주리라 참으로 나의 의로운 오른손으로 너를 붙들리라"

남편 하늘나라 가고 잘못한 것만 생각나서

사랑하는 우리 자녀

자기 욕심만을 위해서 사는
　　개미 같은 사람 되지 말고
남에게 해를 주며 사는
　　거미 같은 사람 되지 말고
유익을 주며
남에게 사랑을 주며, 베풀면서 사는
　　꿀벌과 같은 사람이 되거라
우리 자녀 어디를 가나 오나
하나님 중심의 사람, 꼭 필요한 사람이 되기를 기도한단다.

잠언 25장 11절
"경우에 합당한 말은 아로새긴 은 쟁반에 금 사과니라"

성령의 9가지 열매

1. 사랑과 희락과 화평과
   오래참음과 자비 양선
   충성과 온유와 절제로
   주님의 사랑을 전하세
   성령의 열매로 예수님 사랑을 전하세
   성령의 열매로 예수님 사랑을 전하세

2. 영혼의 기쁨이 넘침은
   성령의 충만한 은혜요
   마음의 감사가 있을 때
   주님의 평안이 넘치네
   성령의 열매로 예수님 사랑을 전하세
   성령의 열매로 예수님 사랑을 전하세

3. 성령의 열매가 있을 때
   믿음과 행함은 하나요
   성령의 열매가 있을 때

예수님 향기가 나겠네

성령의 열매로 예수님 사랑을 전하세

성령의 열매로 예수님 사랑을 전하세

(찬송가 270장) 개사자 전순봉 권사

2002년 5월 27일 주일 새벽, 갈라디아서 5:22-23 말씀에 은혜받고

"변찮는 주님의 사랑과" 곡조에 맞춰 불러보세요. 성령 충만을 체험할 것입

니다.

사도신경은 천천히

처음 예수 믿고 사도신경 신앙고백 할 때 내 마음속에서부터 아니야, 아니야 밀어내며 너무 어지러워서 기둥에 기대고 눈뜨고 하기도 했다. 체험하고 보니 사도신경은 천천히 생각하면서 나의 신앙고백을 한번 점검해 본다. 국어책처럼 빨리 읽지 말고 천천히 생각하며 묵상하며…

깊이 생각하고 신앙고백할 때 은혜를 받는다. 그래서 내가 느낀 점을 쓰고 있다. 아멘 소리 날 때마다 손가락을 한번 꼽아본다. 믿어질 때 영혼에서부터 나오는 아멘 소리, 성령 하나님 역사하심을… 전능하사 천지를 만드신 하나님 아버지를 내가 믿사오며(아멘) 그 외아들 우리 주 예수 그리스도를 믿사오니(아멘) 이는 성령으로 잉태하사 동정녀 마리아에게 나시고(아멘) 본디오 빌라도에게 고난을 받으사 십자가의 못박혀 죽으시고 장사한 지 사흘 만에 죽은 자 가운데서 다시 살아나시며(아멘), 하늘에 오르사, 전능하신 하나님 우편에 앉아 계시다가 저리로서 산 자와 죽은 자를 심판하러 오시리라 성령을 믿사오며(아멘) 거룩한 공회와 성도가 서로 교통하는 것과 죄를 사하여 주시는 것과 몸이 다시 사는 것과(아멘) 영원히 사는 것을 내가 믿사옵나이다(아멘).

한 구절 한 구절 끝날 때마다 영혼에서부터 솟구쳐 오르는 아멘 소리, 나는 믿어지고 또 담대해지고 확신이 온다. 내가 눈으로 보지 않고도 믿는다니 너무 감사하고 감격해진다. 사도신경을 믿을 때 베드로의 고백처럼 "주는 그리스도요 살아계신 하나님의 아들이시나이다"라고 고백이 된다. 처음엔 믿음이 없어 믿어지지 않아 사도신경 할 때마다 얼마나 어지러웠는데 지금은 한 구절 한 구절 할 때마다 구원의 확신과 감사와 아멘으로 은혜를 받는다. 사도신경 신앙고백은 깊이 생각하고 천천히~

믿음 주신 성령 하나님 감사합니다. 믿어지는 것이 기적 중에 기적이다.

새벽에 내게 있는 것, 가장 귀한 것을 드립니다

하나님 저는 드릴 것이 없습니다. 그러나 내게 있는 것, 내게 주신 것, 가장 귀한 새벽 시간을 드립니다. 맑고 깨끗하고 거짓 없고 순결한 새벽 시간, 나의 상한 심령을 드립니다. 받아주소서. 내게 주신 구속의 은혜 찬송의 은혜로 내 근심을 면하게 하시고 그 은혜 날마다 감사 감격하여 내게 있는 가장 귀한 시간 새벽 시간을 기도의 산 제물로 드립니다. 천국 갈 때까지 이 시간 드리도록 도와주소서.

공평하신
나의 하나님

참으로 공평하게 적재적소에 맞게
비치해 놓으시는 나의 하나님

내게 찾아온 고난과 아픔
앞만 보지 말고 멀리 보며
하나를 보지 말고 둘을 보며

공평하신 하나님의 섭리
그 사랑 발견하여
내 영혼이 감사 찬양하나이다.
한 지체의 너와 나
하는 일이 다 다르듯
열 손가락 크기가 다르고
하는 일이 다르듯 그 지체의
꼭 맞게 비치해 놓으신 나의 하나님,
내 영혼이 감사 찬양하나이다.
너는 그것이 필요하고

나는 이것이 필요하고
너는 그것이 있기에 감사하고
나는 이것이 있기에 감사하고
너와 나 꼭 맞게
감당할 수 있게
높이와 넓이는 다르지만
저울추에 달면 그 무게는 똑같구나.

공평하신 나의 하나님
내 영혼이 감사 찬양하나이다.
교만하지 않고 겸손하게 하려고
하나님만 의지하고 따르게 하려고
너와 나에게 주어진
모든 고난과 아픔으로 인하여
나의 하나님의 공평을 깨달았노라. 아멘

이렇게만 살 수 있다면

우리가 찬송을 부르는 대로만 살면
우리 하나님 얼마나 기뻐하실까
우리가 기도하는 대로만 살면
우리 하나님 얼마나 기뻐하실까?
우리가 예배당 안에서의 고백처럼만 살면
우리 하나님 얼마나 기뻐하실까?
이렇게만 살 수 있다면…

나는 가장
행복한 사람

하나님은 우리의 피난처시요

환난 중에 만날 큰 도움이신

그분이 나의 아버지기에 나는 가장 행복한 사람

목마른 사슴이 시냇물 찾기에 갈급하듯

내 영혼이 주님의 말씀을 찾고 먹기에 갈급하오니

나는 가장 행복한 사람

내 입술에 감사가 있기에

내 마음에 기쁨이 있기에

내 영혼에 평안이 있기에

나는 가장 행복한 사람

내 육체는 쇠하여질지라도

내 영혼이 날마다 새로워지기에

나는 가장 행복한 사람

지난날 내게 주신 은혜를 잊지 않고 기억하기에

현재 문제가 있어도 감사할 수 있고

문제 배후에 역사하시는 그 사랑 알기에
나는 가장 행복한 사람
합력하여 선을 이루시는 하나님의 사랑을 믿기에 감사 할 수
있고
범사에 모든 것이 하나님의 섭리의 역사하심을 믿고 알기에
나는 가장 행복한 사람

비록 산해진미 없을지라도 김치 하나 밥 한 공기 차려 놓고
하나님 아버지께 감사기도 드릴 수 있기에 나는 가장 행복한
사람. 아멘

시편 103편 1-3절 말씀에 은혜받고

행복은 내 것이다

하나님의 사랑과
예수님의 은혜
성령님의 도우심으로
행복은 내 곁에
내 손에 있고
내 마음에 있고
감사가 내 영혼에 넘치니 행복은 내 것이다.
우리 주님 안에서만

제일 크고
　　귀한 신앙

감사할 수 있는 마음 주시니 감사하나이다

마음으로 감사하게 하소서

생각으로 감사하게 하소서

정성으로 감사하게 하소서

주신 은사로 감사하게 하소서

물질로 감사하게 하소서

마음으로 입술로 생활로 감사하게 하소서

그리스도 안에서 날마다 기뻐하며

찬양하며 감사하게 하소서

성령 안에서 속사람을 십자가의 능력으로 강건하게 하소서

그리스도 사랑 안에서 그 사랑의 넓이와 길이 높이와 깊이

어떠함을 깨달아 날마다 감사하게 하소서

건강하려면

건강하려면
우선 마음이 편해야 하고
그러기 위해서는 정신이 맑아야 하고
그러기 위해서는 영혼이 깨끗해야 하고
영혼이 깨끗하려면 하나님을 믿어야 하고
그러기 위해서는 예수님을 믿어야 한다. 아멘

건강하려면
데살로니가전서 5장 16-18절 말씀처럼
주 안에서 항상 기뻐하고
쉬지 말고 기도하고
범사에 감사하는 것이
최고의 비법이며
예방이며 보약이다. 아멘

작은 것 가지고도
주의 사랑을

나는 새벽 일찍 일어나 목욕탕에 갔다. 옆에 어느 아주머니께서 어느 분의 등을 밀어드리는 모습을 보았다. 나한테 와서도 등을 밀어드릴게요 하는 것이었다.

알고 보니 그분은 교회를 다니시는 분이셨다.

그분의 모습에서 예수님의 향기가 나며

행함으로서 믿음을 보이시는 그분

그분의 모습은 하나님을 자랑하고 교회를 자랑하고

입을 열어 복음을 전하지 않고도 그 모습에서 예수님 사랑 교회 자랑

작은 것 가지고도 주의 사랑 교회 자랑 전하며 살게 하소서

권사 임직 취임을 앞에 두고
임직자 훈련 받으면서

허물과 죄로 죽었던 나를 믿음과 구원의 선물 주셔서 하나님의 자녀 된 것만도 감사하온데 어리석고 미련한 나를 택하여 귀한 영광스러운 직분까지 선물로 받았으니 그 부르심에 합당하게 행하며 내게 주어진 내 자리 내 위치를 잘 지키겠다고 결심해 봅니다. 나는 할 수 없습니다. 항상 깨어 기도하며 기도하는 어머니로서의 권사의 직분을 잘 감당하도록 내 마음으로 다짐해 봅니다.

나 같은 것을 사랑해 주시고 기도해 주시면서 한 표 한 표 던져주신 우리 성도님들의 그 사랑에 어긋나지 않는 삶을 살고자 항상 깨어 기도하며 귀한 사명 잘 감당하고자 결심해봅니다. 그러나 결심은 약하기에 "오직 주만 바라보나이다", "주 없이 살 수 없네"라는 나의 신앙고백으로 무엇을 먹든지 마시든지 하나님의 영광을 위한 삶이 되길 기도합니다. 주님과 함께 동행하며 끝까지 사명을 감당하는 자에게 영원한 축복을 약속하신 우리 주님께 감사드립니다. 내 마음의 결심과 다짐 속에 우리 주님 함께 하옵소서.

권사 임직받은 2003년 5월 17일을 앞두고

집사의
마지막 철야예배

나 같은 것 강권적으로 불러주시더니 그 큰 사랑으로 나를 가르치고 길러주시고 튜울립 꽃 속에 내 이름 석 자에 너무 감사하면서 하늘의 생명책에 내 이름 상상하면서 얼마나 감사했는지…

이제 내가 살아도 주 위해 살고

이제 내가 죽어도 주 위해 죽네

그러므로 내가 이제 사나 죽으나 주님의 것이요.

오늘 처음으로 이 찬양을 불렀습니다.

이 찬양의 가사 내 신앙고백이 되듯 얼마나 눈물 콧물 흘리면서 감사의 찬양 기도가 되는지 내일 권사가 된다고… 영광스러운 권사의 직분 잘 감당케 하소서.

2003년 5월 16일 권사 임직 전날 밤 금요 철야예배

사랑하는 우리 구역식구들의 십자가 목걸이

하나님께 먼저 영광과 감사를 드립니다.
내게 줄로 재어준 아름다운 우리 구역 구역식구들
2003년 5월 17일 권사취임식

뜨거운 주님의 사랑 많은 선물들 그분들의 이름 한 분 한 분 내 마음속에 적어보며 내가 기도로써 보답해야지 다짐해보며 이 글을 적어봅니다.

우리 구역식구들 너무 힘든 사람들인데 나 같은 것이 무엇이관데 이렇게 내가 가장 갖고 싶었었고 하고 싶었던 십자가 목걸이인데 하나님께서 그 중심을 보시고 내게 주셨습니다.

사랑하는 우리 구역식구들의 십자가 목걸이

그 이튿날 새벽 일찍 일어나 얼마나 눈물을 흘렸는지 모릅니다.

그분들의 사랑, 너무 감사해서 내 신앙고백에 한 페이지를 장식해야지 그분들을 위해 꼭 보답해야지

내가 기도로써 그 사명 잘 감당할 수 있도록 우리 하나님께 먼저 도움을 청하고 이분들의 뜨거운 사랑 나는 다시 한번 생각해봅니다. 항상 섬기는 자세로 위로하며 기도하는 마음으로 이분

들의 사랑을 보답하는 것은 내가 어긋난 삶이 되지 않는 것, 항
상 하나님께 무릎 꿇고 도움을 간구하는 것임을 깨닫습니다.

그 사랑 잊지 않고 더 열심히 기도하며 섬기겠습니다.

그리고 장로님, 권사님, 집사님들의 많은 선물들 너무 감사하
고 항상 쉬지 않고 기도하는 삶을 살고 싶습니다. 우리 하나님
의 사랑 그 사랑 힘입어 그의 능력으로 내게 영광스러운 권사의
직분 주심을 다시 한번 하나님께 영광 돌리며 감사를 드립니다.

시편 133편 1절
"형제가 연합하여 동거함이 어찌 그리 선하고 아름다운고"

나는 예수 믿고

예수님이 누구시기에

예수 믿고 소극적인 내가 적극적인 내가 되고

부정적인 내가 긍정적인 내가 되고

예수님이 누구시기에

두려움이 변하여 내 기도가 되었고

한숨이 변하여 내 노래가 되었네

예수님이 누구시기에

불안 초조가 변하여 기쁨과 평강과 감사가 되었네

나의 질그릇 속에 아름다운 보배

예수님이 계시기에

예수 믿으세요

너무 좋아요 너무 기뻐요 너무 감사해요

예수 믿으세요 예수님 믿으세요

나는 예수 믿고 담대한 사람 되고

자신감 있는 사람 되었기에 감사하다.

예수 안에서만이

바랄 수 없는 중에 바라고 믿는 믿음 주옵소서
찬송할 수 없는 상황 중에서도 찬송할 수 있는 사람 되게 하소서
기도할 수 없는 상황 중에서도 기도할 수 있는 사람 되게 하소서
감사할 수 없는 상황 중에서도 감사할 수 있는 사람 되게 하소서
용서할 수 없는 상황 중에서도 용서할 수 있는 사람 되게 하소서
봉사할 수 없는 상황 속에서도 봉사할 수 있는 사람 되게 하소서
사랑할 수 없는 상황 중에서도 사랑할 수 있는 사람 되게 하소서
하나님께 인정받고 예비한 그 복 받게 하소서. 아멘

감사의 눈물
이십만 원

오늘 새벽 쏟아지는 감사의 눈물

에벤에셀 기도회만 돌아오면 쏟아지는 그 눈물은 감사의 눈물
나 같은 것이 무엇이기에 그토록 사랑해 주시는지, 강권적으
로 불러 예수 믿게 하시더니 온몸과 마음과 정성 다 바쳐도 그
큰 사랑, 그 은혜 다 갚을 수가 없네. 남편 하늘나라 가고 1년
동안도 우리 삼형제를 아침 출근할 때마다 아버지 손에 맡기면
서 살아왔는데 지금까지 생명 주시고 건강 주셔서 내가 살아있
는 게 다 하나님의 은혜인데 기도하다가 마음속으로 십만 원 내
야지 하고 기도하는 중에 '야~ 너 1년 동안도 아침 출근할 때마
다 네 자녀들 내게 맡기고 가면서 오늘까지 건강 주었는데 십만
원이 뭐냐 쌀 한 가마라도 해야지' 책망의 소리가 들렸다.

하나님께 죄송해서 얼마나 회개하며 울었는지

그래서 쌀 한 가마라도 해야지 마음먹었더니

갑자기 이십만 원이 생겼다. 하나님 얼마나 감사한지 그 이십
만 원 준비해 놓으시고 은혜 주신 하나님 감사합니다. 모든 영
광 받으소서.

에벤에셀 기도회 2003년 11월 10일 새벽

감사의 꽃 피었네

창세 전에 택한 감사
구원해 주심 감사
하나님의 자녀 감사
천국 본향을 감사
오늘 생명 주심 감사
성현의 성도 감사
내게 가정 주심 감사
감사의 꽃 피었네

내게 일터 주심 감사
일하는 건강 주심 감사
예수 자랑하니 감사
지금 어려워도 감사
고난 뒤 영광의 감사
부활의 소망을 감사
감사의 꽃 피었네

내게 평안 주심 감사
내게 기쁨도 감사
내게 즐거움 주심 감사
내게 행복도 감사
하나님만 섬김 감사
예수의 사랑 감사
범사에 모든 것 감사
주께 영광 돌리세

꽃 중에 가장
아름다운 꽃

내 마음의 동산에 피어 있는 꽃 감사의 꽃
시들지 않게 하소서
성령으로 내 안에서 가꾸어 주옵소서
꽃 중에 가장 아름다운 꽃 감사의 꽃

힘을 내세요

환난은 인내를, 인내는 연단을, 연단은 소망을
이루시는 하나님(롬 5:3-4)
때로는 질병도 은혜가 됩니다.
그 질병 때문에 하나님을 알았기에…
때로는 사업 부도와 실패도 은혜가 됩니다.
두 손 들고 하나님 앞에 찾아왔기에…
때로는 고난과 시련도 은혜가 됩니다.
그 기간이야말로 위대한 가치와 미래를 창조하는 개방의 시간
이 되기에…

암흑 같은 어두움 속에 아무리 봐도 빛이 보이지 않기에 통곡
하며 울어봐도 길이 없어 주저앉아 한숨만 쉬는 모진 풍파 속에
서 그 터널을 지나가고 있는 당신의 마음, 그 터널을 지나가고
있습니다. 새벽은 가까이 있습니다. 희망은 고난을 통해서만이
참 보배이신 예수님을 찾을 수 있기에 꼭 예수 믿고 승리하세
요. 힘을 내세요. 기도하겠습니다. 고통 속에서 몸부림치는 한
형제의 아픔을 보면서…

혹시 내가 이런 사람은 아니었던가?

독도가 우리 땅이든 일본 땅이든 내게 무슨 상관이 있으랴

예수님이 재림을 하든 안 하든 내게 무슨 상관이 있으랴

목사님께서 금식을 하든 안 하든 내게 무슨 상관이 있으랴

혹시 내가 이런 사람은 아니었던가?

날마다 말씀 안에 산다 하면서

날마다 찬양 속에 산다 하면서

날마다 기도하며 산다 하면서

혹시 내가 이런 사람은 아니었던가?

다른 사람이야 어떻게 살든

예수를 믿든 안 믿든 무관심 속에

내 믿음 우리 가정만을 위해 살지는 않았던가?

목사님 말씀의 은혜 받고

나는 내 자신을 바라보며

내가 이런 사람은 아니었던가?

성령님 근심시키지 않아야지 기도하면서 회개합니다.

"주의하라 깨어 있으라 그때가 언제인지 알지 못함이니라"(막

13:33)

주님, 지혜로운 사람 되게 하소서

지혜로운 사람 되어 상황과 현실 파악하는 분별력 있는

지혜로운 사람 되어 내게 주어진 귀한 사명 죽도록 충성하여,
착하고 충성된 종이라 칭찬받고 인정받게 하소서

혹시 내가 이런 사람 아니었던가?

나 자신을 바라보며 나의 무관심 용서해주세요 기도하며 감사
하며…

예수의 이름에는
권세가 있어요

우리 남편 하늘나라 가고 압구정을 향해 일하러 갈 때
전철 안에서의 예수의 이름의 기적

예수의 이름을 자주 사용하세요.
어려울 때도 예수의 이름 예수
억울할 때도 예수의 이름 예수
무섭고 두려울 때도 예수의 이름 예수
이때는 더더욱 빠른 결재가 되구요. 예수의 이름 그 이름은 능력이 있어요.
권세가 있어요. 치료가 있어요.
예수의 그 이름은 상처 입은 마음이 온전해지고 아픈 곳을 만지며 예수의 이름 믿음으로 부를 때 나음을 입구요.
어느 날 아침 일찍 일하러 가는 출근길에 신도림 광장에서 온갖 소리를 지르며 혼자 욕을 하고 혼자 말을 주고 받고 하는 60대쯤 되는 깨끗한 옷차림의 아저씨가 지하철을 탔다. 전철 안에서도 아주 무섭게 소리 지를 때 예수의 이름 카드를 꺼내어 내 주먹을 꼭 쥐고 그를 향해 나사렛 예수의 이름으로 명하노니 악한 사탄은 물러가라 예수의 이름으로 물러가라 예수의 이름 계속 그를 향해서 외치는데 내 몸의 힘이 빠지는 것을 느꼈다. 그러더니 그가 주머니에서 마스크를 내어 입에 쓰더니 30분 걸리는 교대역까지 조용히 가는 것을 보고 나는 또 하나님께 감사기도를 드렸다. 하나님 감사합니다. 감사합니다. 이 영광 받으소서.

교대역에서 내리더니 또 혼자 주고받고 말을 하며 가끔 소리를 지르며 가는 모습 뒤에서 나는 잠시라도 그 사람을 위해서 기도했다.

하나님 아버지 우리 주님의 보혈의 피로 그가 사단에게서 놓임을 받고 자유하게 해달라고 예수의 이름으로 기도해드렸다. 예수의 이름 두렵고 무서울 때는 더 내 손을 꼭 쥐고 그를 향해 공격하여 예수의 이름 부를 때 사단이 물러가는 것을 나는 종종 체험을 했기에 이 글을 쓰고 있다.

예수의 이름의 카드를 꺼내어 꼭 사용하세요.

예수의 이름의 뜻은 '그가 자기 백성을 저희 죄에서 구원할 자이심이라'

사람은 자기를 의지하고 그 사람의 이름을 자꾸 부를 때 싫어하지만 우리 예수님은 자기를 의지하는 사람을 더 좋아하시고 사랑하시기에 그 이름 예수, 예수의 이름 카드를 꺼내어 자주 자주 사용하세요.

예수의 이름에는 권세가 있어요. 아멘.

하나님 생각으로
일어나게 하소서

첫 번째 주는 생각은 하나님 생각이요

두 번째 생각은 내 생각이요

세 번째 생각은 마귀 생각이다.

오늘은 교회 가야지

하나님 생각으로 일어나게 하소서

오늘 누가 온다는데 다음에 갈까?

성령의 생각과 내 생각 싸우지 않게 하소서

다음 주에 가자 "쯔쯔"

또 마귀의 생각에 넘어졌구나

하나님 생각으로 일어나게 하소서

나는 가장 존귀하고
힘 있는 자

더럽고 추한 내 모습 육신의 거울은 겉모습만 보이지만

말씀의 거울 앞에 선 난 더럽고 추한 내 모습

예수 그리스도의 보배, 예수 그리스도 내 마음 중심에 모셨으니 존귀한 자가 내 중심에 계시니 나는 가장 존귀한 자

나는 또 제사장의 복을 받았기에 나는 가장 존귀한 자

나 위해 십자가 지실 때 위로부터 성전휘장이 찢어지면서 우리 하나님 아버지 앞에 면전 앞에 무릎 꿇고 담대하게 나아가 직접 아버지와 대화할 수 있는 자녀의 신분, 나는 가장 보배롭고 존귀한 자가 되었네.

세상 사람들은 넘을 수 없는 벽 앞에 처했을 때 자기 정체성을 잃어버리고 술에 빠지고 우울증에 빠지고 죽음의 사선까지…

하지만 나는 내 안에 보배이시고 존귀하신 예수 그리스도가 내 안에 계실 때 나는 가장 존귀한 자 보배로운 자이기에 주님으로 넉넉히 이길 수 있다.

존귀하고 보배롭고 영광스러운 예수 그리스도 내 중심에 모셔 들이세요. 가장 존귀한 자, 산 돌이신 예수 그리스도 보배를 내 중심에 모시세요. 교회는 다녀도 예수님을 내 중심에 모시지 않

으면 나는 이길 수가 없잖아요. 오늘도 나는 담대하게 믿음의 용기를 가지고 나는 가장 존귀한 자구나, 자부심을 가지고 세상을 이기며 살아가렵니다. 세상을 이기고 자신을 이기고 환경을 이기는 담대한 힘을 주셔서 내가 세상을 살아갈 때 두 손 높이 들고 힘 있게 넘을 수 있는 것도 다 하나님의 은혜요. 예수 그리스도의 사랑이구나.

나는 예수 믿고 가장 존귀한 자 힘 있는 자가 되었다.

주님 너무 감사해요

주님 이 시간에 내 자신을 다시 돌아보게 됩니다.

새벽마다 나아가 기도하는 것이 다 하나님의 은혜요 사랑이라는 것을 다시 한번 깨닫게 되네요. 내가 나 된 것은 다 주님의 은혜라고 고백한 사도 바울 생각이 나네요. 새벽기도 이틀을 못 가고 보니 시계가 옆에 있었는데도 그냥 모르게 눌러 놓고 잠을 자고 참 너무 안타깝네요.

그래서 무릎 꿇고 기도하는 중 내 자신이 얼마나 약하고 내 힘으로는 무엇 하나 못하겠구나 주님의 도우심이 없으면 1분 1초도 살아갈 수 없고 우리 주님이 깨워주시지 않으시면 나는 새벽마다 나아가 은혜받을 수도, 기도할 수도 없구나 다시 한번 깨닫고 감사 기도드립니다. 주님 내일 새벽 꼭 깨워주세요.

2005년 2월 11일

우리 교회 30주년을 맞이하며
30주년의 감사

하나님의 사랑으로 우리 교회 세우시고 오늘까지 인도하신 우
리 주님의 참 사랑 고난의 고개 슬픔의 고개 어려움도 있었지만
성령님의 인도하심 눈물로 감사드리네.

죽음에서 생명으로 십자가의 주님 사랑

주의 사자 세우시고 말씀으로 양육하며

30년간 지켜주신 주님 사랑 감사하며

무릎 꿇고 두 손 모아 감사기도 드립니다.

나의 슬픔 변하여서 춤이 되게 하시었네

합력하여 선을 이룬 우리 주님의 큰 사랑

우리 모두 다 두 손 높여서 할렐루야 찬양하세.

30년간 동행하신 주님 영광 받으소서. 아멘 감사합니다.

사랑하는 우리 성현교회여

나의 영적인 첫사랑이기에

눈물로 가식 없는 진실한 마음으로 감사드린다.

2005년 5월 30주년

새벽에

내가 바로 요란하게
소리만 내는 빈 수레 아닌가?

하나님의 말씀은 나의 영혼의 거울

나는 오늘 새벽 내 자신을 다시 한번 들여다보고 얼마나 울었
는지 모른다.

내 속을 볼 수 있기에 하나님 말씀의 거울 앞에서

요란하게 소리만 나네 속은 텅 비었는데

소리만 내는 꽹과리

소리만 내는 빈 수레

내가 바로 이 사람 아닌가?

정직과 진실과 사랑은 사람의 눈에 보이지 않기에

속을 보시는 주님 앞에

겉포장만 하고 소리만 내는 나는 빈 수레 아닌가?

내가 바로 요란하게 소리만 내는 빈 수레

하나님 도와주세요.

빈 수레 안에 진실 정직 채워주소서.

꽹과리 안에 주의 사랑 채워주소서.

말씀 앞에 부끄럽지 않게

성령 하나님 도와주소서.

성령으로 충만하게 진실을 채워주소서.

2005년 7월 5일 새벽예배 기도회에서

주님의 사랑의 울타리 안에서의
기쁨과 감사의 눈물

예배하러 성전에 올라가 의자에 앉아 묵상하며 기도하는 그 순간

친정에 와서 친정엄마의 따뜻하고 포근한 사랑으로 나를 감싸고 있는 그 사랑을 체험했다.

암탉이 병아리를 품은 듯 얼마나 그 사랑이 따뜻하고 평온하고 좋던지

하나님의 사랑의 울타리 안에 있는 것이 이렇게 좋을까?

그 사랑 너무 감사하고 너무 좋아서 나도 모르게 주여 감사합니다.

이 따뜻한 사랑, 두 눈에선 눈물이 주르륵 흘러내린다.

콧물과 눈물이 감사의 평안의 눈물이…

하나님의 사랑의 울타리 안에서

우리 주님의 사랑으로 나를 감싸고 있네

그 사랑 얼마나 좋던지 얼마나 좋던지

2005년 8월 21일 주일 아침

1분 1초도

주님! 나는 1분 1초도 주님 의지하지 않고는 살 수 없습니다.

한순간도 한순간도 살 수 없습니다.

우리 삼형제 주님 손에 맡기지 않고는 1분 1초도 살 수 없습니다.

주님의 사랑 보살핌이 있었기에

순간순간 유혹에 넘어지지 않고

순간순간 운전대를 잡아주셨기에

오늘의 있기까지 내가 있고 내 자녀가 있는 것은

주님의 은총을 받은 자이기에

나는 그러하니 1분 1초도 한순간도

우리 주님 의지하지 않고는 살 수 없습니다.

내가 나의 연약함과 약점을 잘 알기에

오늘도 주님 의지하지 않고는 살 수 없습니다.

주님 아시죠? 찬송가 292장,

주 없이 살 수 없네 내 주는 아신다.

내 영의 깊은 간구 마음의 소원을

주밖에 나의 맘을 뉘 알아주리요

　내 맘을 위로하사 평온케 하시네… 아멘

내가 나를 알아야

내가 나를 알아야 하나님의 긍휼하심을 받지요.

내가 나를 알아야

내가 누구인지 알아야

기도의 줄이 끊이지 않지요.

내가 나를 알아야

우리 하나님 우리 주님만 의지하지요.

내가 나를 알아야

주님만 의지하고 감사하며 살지요.

내가 나를 알아야 겸손하지요.

하나님만 의지하고 바라보고 살게 하시니 감사합니다. 감사합니다.

이 눈물의 영광 받으소서.

내가 나를 바라보니 왜 이리 눈물이 나오는지

나 같은 것 사랑하신 우리 주님의 사랑 때문에…

2005년 12월 새벽 기도 다녀와서

그 영혼을 사랑하리

죄 없으신 주님께서 나 위하여 죽으셨네
우리 주님 그 사랑에 나는 구원을 받았네
사랑의 빛 복음의 빛 전하며 산다 했는데
나 혼자만 구원받고 나만 위해 살았었네
사랑하는 나의 주님 불쌍히 여겨주소서.
이제라도 주의 사랑 전하면서 살겠어요.
예수 없이 살아가는 그 영혼을 사랑하리
무릎 꿇고 기도하면서 그 영혼을 사랑하리
예수 없이 살아가는 그 영혼을 생각하면서…

나는 행복하다
주님 때문에

행복은 먼 데 있는 것이 아니다.
행복은 내가 만들어야 한다.
행복은 내 안에 있고 행복은 내 손에 있다.
내가 참 행복하다 할 때 행복하고
불행하다고 생각할 때는 나는 불행한 사람이 된다.
나는 행복하다. 예수님이 내 안에 계시기에 나와 함께하시기에
이 행복 빼앗기지 않게 하소서. 주님
감사의 문이 열릴 때 행복이 들어오더라.

하나님께만 영광 돌리는
삶 되게 하소서

내게 주신 재능으로 내가 지금 있는 곳에서

내게 주신 은사로 하나님께 영광 돌리게 하소서

섬김을 받으러 오신 것이 아니라

도리어 섬기러 오신 예수님

우리에게 대속물로 주시기 위해

섬기신 예수님

나도 섬기는 삶 살게 하소서

처음보다 나중이 더 아름다운 믿음이 되게 하소서

견고한 믿음 신앙의 진보가 있게 하소서

나의 하나님

결정적인 순간에 나를 사랑하시는 하나님
결정적인 순간에 감사로 바꾸어 놓으신 나의 하나님
결정적인 순간에 나의 손을 잡아주신 나의 하나님
감사합니다.
평화의 왕으로 오신 예수님 사랑합니다.
십자가 위에서 죽기까지
사랑하셨던 나의 예수님
겸손의 왕으로 오신 예수님
화목을 이루러 오신 예수님
참 좋은 기쁜 소식을 가지고
오신 예수님
우리에게 평화의 선물로 주신 아기 예수님
구원의 선물로 주신 아기 예수님
예수님 사랑합니다.

"빛의 열매는 모든 착함과 의로움과 진실함에 있느니라"

(엡 5:9)

"성령의 열매는 사랑, 희락, 화평, 오래참음, 자비, 양선, 충성, 온유, 절제"(갈 5:22-23)

예수님 생명보험

예수 생명보험 들어보셨나요?

가장 안전하고 보장성이 있는 보험, 예수 생명보험

우울증 환자에게 특약으로 아주 좋습니다.

예수 생명보험이야말로 묻지도 따지지도 않습니다.

본점은 하늘에 있고 각 지점은 세계 없는 곳이 없습니다.

없는 곳을 향하여 나가시는 우리 선교사님들이 있습니다.

궁금하시면 전화하세요.

가입하세요. 전화번호 66-3927로

예레미야 33절 3절 말씀, 특별전화 333번으로!

"너는 내게 부르짖으라 내가 네게 응답하겠고 네가 알지 못하는 크고 은밀한 일을 네게 보이리라"

목사님의
남은 흔적을 그리면서

영혼 깊은 곳에서부터 쏟아져 나오는

그 중심의 진실한 기도 소리

하늘 보좌를 움직일 수 있는 부르짖는 기도 소리

새벽마다 기도로 끝까지 강단을 지키시면서

기도하시던 그 모습

영혼 깊은 곳에서부터 흘러넘치는 영혼의 찬양의 소리

그 선함과 진실한 삶의 모습이 생각이 나고 보고 싶어지네요.

항상 웃으면서 미소지으시며 찬양하시는 아름다운 모습들

화요일 저녁마다 교육관에서 몇 명이 모여 당회장 우리 목사님을 위해

환우들을 위해 교회를 위해 가정 위해 나라 위해 선교사들을 위해

기도하셨던 그 자리

주님을 닮은 그 삶이 그 모습이 더 보고 싶어지네요.

새신자들을 더 사랑하시고 관심을 가지셨던 그 마음

한 영혼 한 영혼을 위해 따뜻하고 포근한 사랑으로 챙기시고

기도해주시고 위로해주시고 우리 교회 안에 들어가면
목사님의 남은 흔적들 추억들을 그리면서…

3부 예배 일찍 오셔서 새신자들 챙기시고 아픈 사람 찾아가서
어깨에 손을 얹고 간절히 기도해 주시던 그 모습들
　철야기도회 때마다 가장 즐겨 부르시던 찬양, 그 모습 그려봅
니다.

　나는 행복해요. 죄 사함 받았으니 이 세상 무엇이든 채우고도
남아요. 그 찬양,
　사랑합니다. 나의 하나님 / 사랑합니다. 아주 많이요. / 사랑
합니다. 그것뿐이에요.
　주의 친절한 팔에 안기세 우리 맘이 평안하리니 / 항상 기쁘
고 복이 되겠네 영원하신 팔에 안기세… 등

　나는 그때를 생각하면서 이 찬양들을 부르고 있다.
　나도 언젠가는 떠나갈 터인데…
　나도 우리 목사님같이 주위 사람들에게 좋은 이미지를 무엇보
다도 우리 주님의 향기를 남기고 싶다. 하나님 영광 받으소서.

2006년 새벽에

눈물의 샘 터지게 하시니
감사합니다

하나님 아버지 나 같은 죄인을 사랑하셔서 구원해 주시고
하나님의 딸로 인정해 주시니 너무 감사합니다.

십자가의 사랑의 깊이와 높이와 넓이를 깨닫게 하시니 감사합
니다.

구원의 감격이 내 자신을, 지금 내 환경을 이길 수 있는 힘이
되기에 감사합니다.

주님! 내가 주님을 사랑합니다.

내가 주님을 사랑합니다.

내가 주님을 사랑합니다.

나를 사랑하셨기에

나를 선택하셨기에

나를 지명하여 불러주셨기에

하나님의 딸이라고 인을 치셨기에

강권적으로 불러내어 아버지 품으로 안아주셨기에

나는 더 감사해요.

가슴 속 깊은 곳에서부터 나오는 눈물 콧물

흥분의 감격 감사 눈물의 샘 터지니 감사

환경에 쓰러지지 않고 내가 당한 슬픔에도 쓰러지지 않고

모든 것을 아시고 다스리시는 전능하신 하나님의 절대 주권을 믿고

주님의 십자가 앞에 내 모든 것 내려놓습니다.

내려놓아야 일하시는 주님

오늘의 이 감사 평안 기쁨, 악한 세력에게 빼앗기지 않도록 주의 성령으로 충만케 하소서.

2006년 10월 12일 새벽기도 끝나고 와서

예수님 탄생 축하

며칠 전에 전화벨이 울렸습니다. 여보세요?

이주화 목사님께서 "권사님! 성탄절에 관한 글을 좀 써주세요. 시간은 10분 정도로요." 하셨습니다. 저 같은 것이 어떻게…

'기도해 보겠습니다' 하고 전화를 끊었는데

심령 깊은 곳에서부터 복받쳐 오르는 감사, 예수 믿고 구원받아 하나님 자녀 된 것도 감사한데 우리 주님이 나를 얼마나 사랑하시기에 많은 사람 중에 나같이 부족하고 부족한 사람한테 글을 써달라고 부탁하니 얼마나 감사한지 나도 모르게 눈물 콧물이 쏟아져 화장실에 가서 얼마나 울었는지 모릅니다.

만왕의 왕이시요 만주의 주가 되신 우리 예수님의 탄생일을 축하할 수 있다니 이 얼마나 기쁘고 감사한 일입니까? 죄인을 구원하시려고 이 땅에 오신 예수님 화목을 이루시고 섬김으로 오신 예수님 아기 예수님 생신을 축하드립니다.

이 땅에 오신 것도 영혼 구원, 십자가에 죽으심도 영혼 구원,

마지막 승천 유언도 영혼 구원. 예수님! 나에게도 예수 없이 살아가는 영혼을 불쌍히 여기는 마음 사랑하는 마음 주셔서 우리 주님의 마음을 기쁘게 해드리고 싶어요.

　나 같은 죄인 위해 아기 예수 오시었네
　영광의 보좌 비우시고 낮고 천한 이 땅 위에 주님께서 오셨건만
　누울 자리 하나 없이 말구유에 태어나신 사랑의 아기 예수님
　하나님과 나 사이에 가로막힌 죄악의 담, 막힌 담 허시려고 아기 예수 보내셨네
　사죄의 은총 받은 나는 너무 너무 감사해서 새벽마다 무릎 꿇고 주님 없이 못 살아요. 우리 주님의 겸손과 섬김 사랑 닮게 하소서.
　부족한 이 죄인을 인하여 모든 영광 받으시고 나를 주님의 도구로만 사용하여 주옵소서.

2006년 12월 25일

전순봉 권사 올림

예수님의 권세

예수님을 영접하는 순간
나는 하나님의 자녀가 됐다.
나의 신분이 바뀌어졌다.
죄인에서 의인으로, 지옥에서 천국으로…
엄청난 예수님의 권세가 내게 있기에
예수님의 권세로 찬양하고
예수님의 권세로
기도할 때 놀라운 일이 생겨요.
형식적인 예수
내가 배운 예수가 아니라
우리 예수님 형식과 위선을
가장 싫어하시기에
예수님의 이름의 권세로

2007년 2월 새벽에

우리 주님과
새벽마다 데이트

우리 이종영 목사님께서 예배는 데이트라고 하셨다.

서로 주고 받고 사랑을 나누고…

보고 싶고 만나고 싶고 또 보고 싶고 먹고 싶고 듣고 싶고…

만나면 헤어지기 싫고 곁에만 있어도 행복하고 주님 손 꼭 잡고 싶고

새벽마다 무릎 꿇고 주님 부르면 따스한 그 주님의 품 안에 안겨서

나 같은 것 창세 전에 선택하여 지명하여 불러서 구원하시어

하나님 자녀 삼으시고 내가 너무 힘들고 지치고 피곤할 때

새벽마다 나를 불러 안아주시고 나를 업고 가시고 나를 위로하시는 그 사랑

날마다 감사의 눈물로…

만나주시는 주님 그 세미한 그 음성 어찌 어찌 그리 단지요 내 입에 꿀보다 더 다니이다.

우리 주님 주시는 평안과 감사는 위대한 힘이 있다.

내 속에 아름다운 보배 예수님의 피가 흐르고 감추인 보배가 있기에

넉넉히 어떤 환경도 이기며 살 수 있다.

이 기쁨 이 감사 이 평안 이 감격 주님께서 나에게 주신 선물

빼앗기지 않도록 주의 영으로 충만케 하소서

2007년 2월 새벽기도 마치고

나는 주 안에서
사랑 먹고 살아요

나는 하나님의 사랑 먹고 살아요

나는 주님의 사랑 먹고 살아요

나는 목사님의 사랑 먹고 살아요

나는 우리 성도들의 사랑 먹고 살아요

주 안에서 사랑 먹고

주 안에서 사랑받고

주 안에서 사랑하고

그 사랑 내가 받고

그 사랑 내가 하기에

나는 행복하다.

내게 주신 주님 사랑

이 행복 영원히 영원히…

주님!
나를 기억하소서

나를 지으신 주님

내 맘도 아시고

내 생각도 아시죠?

내 맘 아시는 주님 나를 기억하소서

나를 보고 계시는 주님

내가 얼마나 주를 사모하는지

내 영혼이 날마다 갈급하기에

내 영혼이 가난하기에

주님의 말씀을 더 사모하나이다

내 맘으로 내 입술로

죄짓지 말고 진실하게 살게 하소서

사랑하게 하소서

믿음 없는 것 용서하시고 큰 믿음 주시고

정직한 영 새롭게 하소서

오늘 새벽도

내 눈물 닦아주시고

나를 위로해 주시고

나를 사랑하시는 주님
내 맘 아시죠?
나를 지으신 주님 나를 기억하소서
나를 지으신 주님 나를 기억…
정직하게 살게 하소서
주님 영광 받으소서

나의 본향

오직 믿음으로

나그네 정신으로

시온성 거룩한 성

천국을 향하여

끝까지 달려가자

언젠가 그날 아침 거기서

나의 본향을 향하여

하나님 중심, 말씀 중심, 교회 중심으로 살자

우리 모든 가족이 예수 믿고 구원받아

언젠가는 우리 천국에서 만나자

믿음 없이는 가지 못하는 길

오직 믿음으로 가는 나라, 하나님 나라.

요한복음 14장 6절

"예수께서 이르시되 내가 곧 길이요 진리요 생명이니 나로 말미암지 않고는 아버지께로 올 자가 없느니라"

감사의 눈물
빼앗기지 않도록

내 심령에 성령의 단비로 내려주소서

새벽마다 무릎 꿇고 구원의 감격으로

구원의 감사로 살아왔는데 며칠 전부터 감사가 없다.

너무 가슴이 답답하고 내 심령이 메말라서

심야예배 가서 가슴을 쥐어짜고 기도하는데

내 심령이 가뭄에 논밭이 짝짝 갈라지는 환상을 보았다.

가슴이 찢어지듯 답답해서

하나님 감사가 회복되게 해주세요 저는 감사로 살잖아요.

가슴을 찢으며 마음으로 부르짖는데 얼마나 마음의 평안이 오
는지

너무 감사한 것뿐이어서 다시 깨닫고 두 눈에선 촉촉한 감사
의 눈물이

줄줄 흐르네. 다시 한번 주의 사랑 깨닫고 회개하고 그 사랑
얼마나 감사하던가 나의 연약함을 아시고 피곤해도 힘들어도
너는 새벽마다, 심야예배마다 주일마다

수요예배, 목장예배 하나님 말씀 먹고 살아가라고 시간 시간 말씀
먹고 기도하고 살아가라고… 항상 나에게는 주옥같은 하나님 말씀

우리 어머니
우리 엄마

세상에서 가장 아름답고 포근하고 사랑스러운 말이란 '우리 엄마 우리 어머니'

나실 때 괴로움 다 잊으시고 노래만 들어도 생각만 해도 가슴이 찡하고 눈물이 흐르는 감동적인 아름다운 말 '엄마 어머니'

아름다움 속에서 보석처럼 빛나고

심령 깊은 곳에서부터 사랑과 정이 흐르는

감동적인 우리 엄마 우리 어머니

나는 지금 58살 마음은 더 젊다.

사랑하는 나의 하나님이 내 마음에 계시기에

8년 전 남편 위암으로 먼저 하늘나라 가셨고

나는 성격이 소심하고 내성적이고 혼자 조용한 것 좋아하고

속상해도 나 혼자 삭히는 성격, 꼭 우울증에 걸리기 쉬운 성격이다.

80년도에는 살기 힘든 시대라 남편이 중화요리를 하기에 우리 가게를 하면서 아기 보시느니라 우리 시어머님과 단칸방 생활 7년, 우울증 증세가 있던 초기에 우리 어머니 '예수 믿어 보

자 예수 믿으면 병든 자가 낫는다더라'

위기가 기회가 되듯이 나에게 기회가 되어 그때부터 나는 살 길을 찾았다.

그때 단칸방 생활의 힘든 마음이 없었으면 오늘의 내 기쁨 감사가 있겠는가 합력하여 선이 되고 고난당하는 것이 내게 지금은 유익이 되었습니다.

친정엄마, 감기 한 번 걸리지 않았던 우리 엄마

58세부터 위암수술 등, 코하고 입만 안 하고 지금 79세인데 대수술만 10번이나 하셨어요. 차라리 죽는 것이 낫다고 말씀하셨어요.

그런데 감사한 것은 전주 예수병원에서 우리 엄마같이 정신력이 강한 사람은 없다고 하시면서 그래서인지 회복이 빨리 되신대요.

수술대에 올라가시면 두렵고 무섭다가도 '그래 나는 아무것도 아니지' 예수님 십자가에 못 박는 상상을 하면 마음이 편해지고 참아지신대요.

그런 은혜를 주셨기에 회복이 빠른가 봐요.

그런 우리 친정엄마 생각만 하면 감사의 눈물만 나옵니다.

자녀 육남매가 다 건강하며 잘 살고 있어서 그런가 봅니다.

그런데 우리 시어머니 올해 93세 머리가 금발머리 너무 보기 좋아요.

하얀 면류관 쓰고 있으신 것 같아요.

우리 시어머님을 위해 기도하면 나도 모르게 눈물이 줄줄 흐르고 흐릅니다.

왜 그럴까요? 큰아들 50살에 보내고

막내아들 52살에 하늘나라 가고 그래도 신앙이 있기에 만날 그날을 기대하고 건강하게 사시는 우리 어머니 한 동네서 둘째 아들 집에서 사시거든요.

제가 일 갔다 오면 제 화장대 위에 사탕 몇 개와 다듬은 파 한 주먹

우리 어머니가 막내며느리 때문에…

우리 어머니 고마운 말 쓰다 보면 한이 없다.

93세 우리 어머니 마음도 육도 깨끗하시고 얌전하시고 그런데 요즈음은 더 머리에 수도꼭지를 틀어 놓으신 것 같아요.

막내며느리 저희 집에만 오시면 수도꼭지를 틀어놓아요.

내가 너만 생각하면 가슴이 찢어지는 것 같아 잠을 못 자겠어.

자다가도 일어나서 얼마나 우는지 몰라 울다가 손자가 들어오면 울지 않는 것처럼 하신다고.

너만 생각하면 왜 내 맘이 이렇게 아픈지 모르겠어…

내가 너만 생각하면 마음이 너무 아파 너 보고 싶어서 왔어

자식이 죽으면 가슴에 묻는다는 것이 생생하게 느껴져요.

아무것도 생각 안 하시고 단순하게 오직 어린아이처럼

오직 자기 막내아들 없고 나 혼자 자식들하고 산다는 그 한 가지 자식이 컸어도 오직 며느리, 내가 너 일 가고 없는 줄 알면서도 대문 앞에라도 왔다 가야지 하고 왔다 갔다 하시면서 얼마나 우시는지…

7년 동안 단칸방 생활에 미운 정 고운 정 다 들었고 나는 또 우리 어머니와 성격도 입맛도 비슷하다.

요즈음 보기 드문 우리 착한 시누이들

우리 엄마는 일편단심 전순봉 며느리여, 딸보다 더 며느리여.

그래요 자기 막내아들 하늘나라 가고…

사랑하고 존경하는 우리 어머니 하늘나라 가실 때까지 얼마나 될지 모르지만

건강하시게 사시다가 가셨으면…

한 동네 바로 위 형님 내외가 계시기에 저는 큰 힘이 됩니다.

제가 잘못한 것 있어도 이해하시고 어머니가 저만 사랑하는 것처럼 보여도

나이 먹으면 애 된다고 단순하게 오직 한 가지 자기 막내아들 일찍 가슴에 묻고 일 다니는 막내며느리가 너무 마음이 아프고 짠한가 봅니다.

그래서 그 아픔의 사랑을 저에게 다 쏟으시는 것 같아요.

우리 친정엄마 마음이 아프지요. 대수술로 사신 우리 엄마

그런데 왜 그런지 두 분 기도하면 우리 친정엄마 생각하면 감사가 나오고

우리 시어머님 기도하면 얼마나 마음이 아프고 짠한지 저도 머리 위에 수도꼭지 튼 것 같이 눈물 콧물 흐를 때면 주체를 못하겠어요.

그래서 아, 아~ 한 생명이 천하보다 귀하구나 느껴지네요.

사랑하는 우리 어머님 아들 보러 가실 때까지

얼마 안 남은 것 같으시네요.

그날까지 건강하시게 사시다가 부르시면

기쁨으로 하늘나라 가셨으면 하고 기도합니다.

두 분을 생각하며 감사의 글을 적어본다.

시어머니 송석주 집사, 막내며느리 전순봉 권사

미세먼지 앞에서

빛 되신 주님 앞에 내가 얼마나 죄인인가를 절실하게 깨닫고

내가 일하러 가는 집 목동 집안은 너무 깨끗했다.

유리알처럼 내가 감탄할 정도로 깨끗했다.

그때 햇빛이 쫘악 눈부시게 창가로 비취었다.

나는 깜짝 놀랐다. 미세먼지가 셀 수 없고 볼 수가 없어 청소기로 빨아들이기도 해봤다.

그 햇빛 비취는 창가에서 나는 내가 얼마나 더럽고 죄인임을 절실하게 깨달았다.

빛 되신 주님 앞에 설 때 나의 모습 발견하고 깨달은 순간 나도 모르게 눈물이 나오며 나 자신이 얼마나 더러운지

아무리 나의 삶이 깨끗하고 선하다 할지라도

우리 하나님 앞에 서면 다 죄인이고 더럽고 부패하고

내 죄 때문에 사랑하는 독생자 예수님을 이 땅에 보내주셔서 내 죄를 대신 담당하시고 내 죄 값을 십자가에서 다 치르시고 영생을 선물로 주신 하나님께 감사합니다. 십자가 위에서 죽으시고 부활하신 나의 주님! 미세먼지 앞에서.

예수 믿기 전과
예수 믿은 후 나의 삶

예수 믿기 전, 사람이 죽으면 어떻게 될까? 어디서 왔다가 어디로 갈까? 내 생각에 깊이 빠질 때도 있었다. 조용한 것 좋아하고 생각이 깊다 보니 머리가 아플 때도 많았고 병원에 가면 신경성이라고 들은 적도 많았다.

현실만 바라보고 사는 나에게도 우리 하나님 우리 가정에 구원을 베풀어 주시려고 잠시 나에게 산후 후유증으로 못 견디게 허리가 아파서 병원에 가서 검사 결과 병명이 나오지 않았다. 정신적 신경과민으로 너무 힘들어 있을 때 평소에 나를 사랑하시던 우리 시어머님께서 우리 가정 예수 믿으라고 하나보다 우리 한 번 예수 믿어보자 하셔서 우리 가정은 그때 교회에 나왔다. 그때부터 나는 하나님의 사랑을 알게 되고 처음부터 새벽예배로 인도하셔서 많은 체험도 했다.

지금은 예수 믿는 것이 얼마나 좋은지 모른다. 사람들 앞에서 말 한마디 못하던 내가 지금은 어디 가나 누구 앞에서나 담대하게 복음을 전할 수 있고 사람이 사는 목적도 알 수 있고 항상 두렵고 불안했던 나의 삶이 지금은 주님 주신 평안과 감사와 기쁨으로 나 자신과 환경을 이기며 살아간다. 비록 진실하고 깨끗한 삶은 살지 못하지만 부활하여 살아계신 예수님을 나의 구주로 영접했기에 지금 당장이라도 이 세상을 떠난다 해도 천국에 들어갈 것을 확신하기에 죽음이 두렵지 않다. 이 모든 영광과 감사를 우리 하나님께 올립니다.

2007년 4월 27일 고구마 전도학교에서

성현교회 전순봉 권사, 나의 간증문

이 세상에서 가장 아름다운 말은
"감사합니다"

감사합니다. 감사해요

향기로운 제물은 감사의 눈물

우리 하나님께서 가장 기뻐하시는 것은

감사의 눈물인 것 같아요

구역에서 목장으로 변화했던 그해

2006년 우리 교회 장로님 안수집사님 훌륭하신 분들이

목자장이고 여자 목자는 둘이 있습니다.

그중에 저를 목자로 세웠을 때

전에 죽어도 예수 안 믿는다고 했는데

내 죄 다 사하시고 하나님의 딸로 삼으시더니

천하디천한 고기 잡는 어부 베드로를 선택하여

수제자로 삼으신 주님, 나 같은 죄인도 구원해 주시고

나 같은 것 배운 것도 없고 가진 것도 없고 소심하고 내성적이고

겁도 많고 내가 생각해도 내 자신을 보면 나는 할 수 없지만,

주님 능력 안에서는 할 수 있다는 은혜를 주셨다.

목자 세워주신 것 너무 감사해서 새벽마다 감사의 눈물, 기도

들으시고

우리 주님 그 사랑에 목자의 사명 잘 감당케 해 달라고

새벽마다 무릎 꿇음과 감사의 눈물을 받으시고, 그 눈물 기뻐
받으셨는지

우리 좋은 목원 식구들을 주셔서

서로 동역하여 목장 부흥케 하심을 감사했다.

이 모든 것이 전적으로 우리 하나님의 은혜요

향기로운 감사의 눈물의 제물을 받으셨나 봅니다.

지난날의 모든 것을 헤아려보며

나는 우리 주님의 사랑 안에서

은혜 안에서 살기에 주님 없이는 살 수 없다.

부족한 이 딸의 고백입니다.

모든 영광 거두어주시고 받아주소서

주님 앞에 서는 날까지 이 사명 잘 감당케 하옵소서

주님 사랑합니다.

2008년 3월 새벽기도 마치고

나는 가장 존귀한 자다

나는 거룩한 존귀한 하나님의 딸이다.

내 속에 빛난 보배 주님이 계시기에

천지만물을 창조하신 하나님이

나의 아버지이시기에

고난 뒤에 영광이 기다리며

십자가의 부활이 기다리기에

생명의 면류관이 예비되었기에

나는 가장 존귀한 자다.

나는 하나님의 자녀이기에 행복하다.

하나님 아버지가 우리 아버지기에 그의 딸이기에…

나는 가장 존귀한 자

자부심을 갖고 산다.

주님!
저들을 불쌍히 여겨주소서

하나님의 그 사랑 모르기에

하나님 곁을 떠나는 저들을

주님 불쌍히 여겨주소서

주님은 저들을 사랑하지만 그 사랑 모르고

저들의 뜻대로 되지 않는다고

우선 주님이 보이지 않기에

주님의 음성 소리 들리지 않기에

손으로 만져지지 않기에

주님 저들 주님의 사랑 깨닫게 하소서

잘되면 내 탓이요 안 되면 조상 탓이라더니

하나님은 잠시 뒤에 계시라고 밀어놓고

세상 믿음 따라 세상 풍조 따라

주님의 손 밀고 가려는 저들을 불쌍히 여겨주소서.

주님 저들의 손 꼭 잡으시고 주님의 사랑 깨닫고

주님의 넓은 품으로 돌아오게 하소서.

돌아오는 그들의 모습

너무 아름답습니다.

[2009년 1월 극동방송 시인 코너에 보내서 선정된 시]

감사 찬송

말씀의 뿌리

감사의 뿌리

믿음의 뿌리로

우리 주님 만난 사람은 뒤돌아서지 않아요.

우리 주님 만난 사람은 세찬 모진 바람에도 흔들리지 않아요.

우리 주님 만난 사람은 험한 풍랑에도 넘어지지 않아요.

우리 주님 만난 사람은 고난 시련 속에서도 쓰러지지 않아요.

우리 주님 만난 사람은 핍박과 비난 속에서도 울지 않아요.

반석 같은 믿음의 뿌리 뽑히지 않게 도와주세요. 주님.

2009년 1월

주님 나를 불쌍히 여기소서

나는 죄인입니다.

죄인 중에 죄인입니다.

주님! 내 마음속은 얼마나 더럽고 까만지 볼 수가 없네요. 새까맣네요.

문제는 내게 있고 내게 있어요.

내 체면과 가식을 다 벗어 버리게 하소서.

내게 있는 그 모습 그대로 나의 기도가 사람을 감동시킨 기도가 되지 않게 하시고 사람들이 듣기 좋은 기도가 아니라 우리 하나님 아버지 마음을 감동시키고 우리 주님 가시는 발걸음을 멈추게 하는 나의 간절하고 애절한 기도가 되게 하소서.

모욕과 핍박 체면 가식 외식 다 벗어버리고 오직 마지막 나의 생에서 주님 만나야 산다는 목적 하나로 거지 맹인 바디매오 그 심령의 기도가 되게 하소서.

주여! 말씀의 거울 앞에 내 자신을 바라봅니다. 회개합니다. 항상 말씀의 거울 앞에 살게 하소서.

사랑합니다

사랑합니다. 나의 하나님
감사합니다.
감사합니다.
감사합니다. 주님
사랑합니다.
사랑합니다.
사랑합니다. 주님

새벽을 깨워주신 주님, 이 새벽에도 주님 영광 받으시고
오늘 주님의 날 온종일 주님께 영광 돌리고
맡겨주신 새신자부
예수님의 마음으로 사랑으로 섬기게 하소서.
보살피고 챙기고 섬기게 하소서.
주님 안에서 영혼 사랑하게 하소서.

2009년 3월 29 새벽에

조건 없는 하나님의 사랑

너 왜 그랬느냐

그럴 수가 있느냐

몇 시간 전만 해도 '주는 그리스도시요 살아계신 하나님의 아들이니이다'라고 고백하던 너, 그럴 수가 있느냐고 책망하시지 않으시고 끝까지 베드로를 사랑하셔서 제자리 제 위치에 세우시고 영광 받으신 주님

요나를 끝까지 추적하셔서 제 자리 제 위치에 세워주시고 영광 받으신 주님

우리의 연약함 나의 연약함 아시고

끝까지 우리를 사랑하시는 주님의 사랑

주님과 대화하지도 않고 배반하고 환경을 보고 낙심하고 의심하고 나 혼자라고 감사해서 우는 것이 아니라 나약해서 서러워서 울 때도 있고

새벽마다 주님 사랑한다고 내가 주를 사랑한다고 고백하면서도 세상에 나와 환경 보고 낙심하고 넘어지고 그래도 너 왜 그랬느냐 그럴 수가 있느냐 책망하지 않으시고 오늘까지 나와 함께하시며 사랑해주신 주님의 사랑 깨닫고 주님께 다시 한번 감사의 글을 올립니다.

주님의 날이
너무 너무 행복해요

나는 주일이 주님의 날이 너무 너무 좋아요.

주님의 날 사랑하는 주님 앞에 가서 주님의 말씀 듣고 먹고
보고

말씀의 거울 앞에 내 자신도 보고 버릴 것 버리고

끊을 것 끊고

새길 것 새기고

주안에서 만난 형제자매 만나고

사랑하고 챙기고 보살피고

나는 행복해요 감사해요

주님의 날 주님 만나고 주님의 날 주일 날

너무 좋고 행복해요.

나는 짐승과
　　똑같은 사람이었다

오늘 새벽 5시 반

지금까지 오늘까지 지켜주시고 인도하신 에벤에셀 하나님 감사합니다.

지난날의 내 삶을 뒤돌아보며 너무 감사해서 마음속 깊은 곳에서부터 줄줄 쏟아지는 감사의 눈물로 이 글을 쓰고 있다.

짐승 같은 삶을 살았기에

먹고, 자고, 싸고… 먹고, 자고, 싸고…

내가 그렇게 살았었는데

지금 상황이 어려워도 힘들어도 내가 갈 본향 천국의 시민권이 내게 있기에 너무 감사하고 행복하고 지금은 하박국 선지자의 신앙고백이 내게 있기에, 그 하나님이 내 아버지가 되시고 나는 그의 딸이기에, 나는 여호와를 인하여 즐거워하고 구원의 하나님을 인하여 그 기쁨이 있기에 감사로써 눈물로 이 글을 쓰고 있다.

나는 예수 믿기 전에는 사람이 사는 목적도 모르고 어디에서 왔다가 어디로 가는지도 모르고 인생의 삶의 의미가 무엇인지도 모르고 그냥 눈에 보이는 현상만 바라보고 살았었다.

나는 짐승 같은 삶을 살았었다.

좋은 사람 만나서 결혼하면 행복하고

자녀 낳으면 또 행복하고

장사 잘되면 그날이 기분 좋고 행복하고 보이는 현상만이

나에게 즐거움이었고 행복이었다.

다람쥐 쳇바퀴 돌듯 자고 나면 그날이고

또 자고 나면 그날이고 잘사는 것만이 부자 되는 것만이

인생의 성공자가 되는 줄만 알고 살았었는데

그렇게 살아왔던 짐승 같은 나에게도

우리 하나님은 찾아오셨다.

32살 나이 산모 후유증으로 허리가 너무 아파서 산모 후유증은 병원에서도 사진 찍어도 병명이 나오질 않았다.

겁 많고 내성적이고 꼭 우울증 스타일이던 나는 그렇게 아픈데 병명이 나오질 않을 때 깊은 우울증에 시달렸다. 내가 죽으면 어떡할까?

너무 무섭고 두렵고 내 정신은 혼미하고, 죽음에 다다랐을 때

평소에 나를 사랑했던 우리 시댁 식구들 우리 시어머님, 예수 믿지 않던 시어머니. 며느리 살리려고 '우리 예수 믿어볼까? 무당 데려다 굿을 할까?' 하셨단다.

마침내 우리 어머니께서 "우리 예수 믿어보자. 예수 믿으면 아무 병이나 낫는단다. 교회 가자." "예" 우리가 중화요리집 짜

장면 장사하느라 시간이 없기에 일요일 아침 — 지금은 주일 아침이 되었지요 — 7시 예배에 우리 가족은 교회에 갔다.

처음엔 아무것도 모르고 믿었지만 예수 믿고 보니 얼마나 좋은지

세상이 얼마나 아름다운지 예배드리고 오는 길 너무 기뻐서 내가 날개만 있다면 훨훨 날아다니고 싶었던 그때, 처음 믿었을 때 가면 갈수록 얼마나 좋은지

지금도 나는 주일날이 제일 행복해요. 참 행복과 참 감사를 알기에,

내가 어디에서 왔다가 어디로 가는지도 알고 인생의 사는 목적도 알고 무엇이 행복인지 행복도 알고 참 감사도 알고 마음이 얼마나 평안한지,

평안의 복이 주님 내 안에 있기에.

이러한 복을 주신 예수님 믿어보세요.

요한복음 14장 27절

"평안을 너희에게 끼치노니 곧 나의 평안을 너희에게 주노라 내가 너희에게 주는 것은 세상이 주는 것과 같지 아니하니라 너희는 마음에 근심하지도 말고 두려워하지도 말라"

이러한 평안의 복으로 찾아오실 것입니다.

눈에 보이진 않지만 얼굴로 나타나는 평안의 복을 나는 받았다.

인생이 사는 목적은 우리 하나님을 영원토록 기쁘고 즐겁게 하는 것 영화롭게 하고 모든 영광을 하나님께 돌리는 것이다.

우리는 그 사랑 안에서만이 참 행복 참 감사가 나올 수 있다.

우리 주님 안에서만이 참 감사 참 행복이 내 안에 있고 내 손에 있다.

예수님을 내 안에 모셨기에 영접했기에

그래서 이제는 목적이 이끄는 삶을 살려고 기도하면서 살아가고 있다.

얼마나 감사하고 좋은지!

이 글을 읽으시고 예수 없이 사시는 모든 분들은

참 길이요 진리이신 생명이신 주님을 영접해 보세요. 너무 좋고 살 맛 나요.

참 기쁨과 참 소망 희망이 나에게 있기에, 영원한 천국소망이 나에게 있기에, 언젠가 영원한 천국본향 내가 갈 본향이 있기에 지금 현재의 고난을 이길 수가 있습니다. 현재 받은 고난은 장차 나타날 영광과 비교할 수 없다는 하나님의 말씀처럼 세상과 자신과 환경을 이기게 하시는 우리 하나님 감사합니다.

이 기쁨과 행복이 나에게 있기에

자신과 환경과 세상을 이기는 힘과 담대함이 나에게 있기에 생각하면 생각할수록 얼마나 감사한지 모른다. 나의 연약한 체질과 형질을 아시고 새벽 제단으로 불러주심을 눈물로 감사드립니다. 내 영혼이 가난하고 갈급하기에 하나님 말씀 먹지 않고 기도하지 않고는 쓰러지고 넘어질 수밖에 없는 나를 내가 잘 알기에 더욱더 감사하다.

다시 한번 뒤를 돌아 예수 믿기 전을 그려보니 생각하기도 그려보기도 싫다.

지금 와서 생각하니 예수 없이 살았던 내 길은 흑암 속 같은 길을 걸었구나, 먹기만 하던 짐승 같은 나였구나 깨달으며 감사해서 이 글을 쓰고 있다.

지금은 밝은 주님의 빛 가운데 살고 있으니 이 얼마나 감사한가.

짐승 같은 나를 부르셔서 지금은 왕 같은 제사장으로 거룩한 하나님 나라의 소유된 백성으로 하나님의 자녀로 딸로서 살아가기에 이 얼마나 감사한가.

역대상 29장 11-12절

"여호와여 위대하심과 권능과 영광과 승리와 위엄이 다 주께 속하였사오니 천지에 있는 것이 다 주의 것이로소이다 여호와

여 주권도 주께 속하였사오니 주는 높으사 만물의 머리이심이
니이다 부와 귀가 주께로 말미암고 또 주는 만물의 주재가 되사
손에 권세와 능력이 있사오니 모든 사람을 크게 하심과 강하게
하심이 주의 손에 있나이다"

하나님 아버지 모든 영광을 다 주께 드리오니 받으시옵소서.
전순봉 권사 올립니다.

2011년 6월 25일 토요일

예수님 닮아가는
삶이 되게 하소서

예수님의 눈과 손과 마음으로 보게 하소서

예수님의 눈으로 사람을 보게 하소서

예수님의 사랑으로 보게 하소서

예수님의 마음으로 저들을 섬기고 봉사하게 하소서

새가족부에서 봉사하면서.

우리에겐, 나에겐, 한계가 있어 예수님 눈과 손과 마음,

그렇게 할 수 없지만 예수님 성품 닮기를 원합니다.

주님의 크신 사랑 안에서

외모를 보지 않고 중심을 보시는 하나님!

예수님 성품 닮기를 기도합니다.

고백과 시인이 없는
믿음은 죽은 믿음이다

"누구든지 사람 앞에서 나를 시인하면 나도 하늘에 계신 내 아버지 앞에서 그를 시인할 것이요 누구든지 사람 앞에서 나를 부인하면 나도 하늘에 계신 내 아버지 앞에서 그를 부인하리라"

나는 어디 가든지 나는 예수 믿는 사람이라고
성현교회 전순봉 권사라고 소개한다.
담대하게 자부심 갖고 자랑하면서
내가 예수 믿고 복을 받았기에 평안의 복, 감사의 복, 최고의 복과 선물은 내가 천국 가는 구원받은 구원의 복, 생명의 복을 받았기에
어디 가나 나는 성현교회에 다니는 권사라고 소개하며 내가 어떤 사람인데 이렇게 변화되고 여기까지 인도하신 에벤에셀 하나님을 간증하고, 어렵고 힘든 가운데서도 항상 나와 함께 하시는 임마누엘 하나님 자랑하고, 나를 지으신 하나님 나보다 더 나를 잘 아시면서 준비시켜 주시는 여호와이레의 하나님 자랑하고, 항상 나를 평안케 하신 주님 여호와 샬롬의 하나님 자랑하고, 어려운 시험 중에서도 그 시험 넉넉히 믿음과 사랑으로

이기게 하시는 여호와닛시의 하나님 자랑하고, 오장육부 사지 백체 뼈 마디마디 건강 주시고 나를 항상 건강으로 치료하시는 여호와라파의 하나님께 감사하고 자랑하고, 내 입으로 시인하고 고백하면 얼마나 좋은지…

세상 사람들 듣는 사람이 고개 끄덕이며 잘 듣기에 자부심 갖고 시인한다.

시인과 고백 속에서 복음 전할 때 내가 세상 끝날까지 내가 너와 항상 함께 있으리라 그 말씀이 기억이 나네요. 오늘 말씀 은혜받고… 나의 고백.

새벽예배, 마태복음 10장 32-33절

하나님 말씀은
나의 영적 거울

내 영혼을 바라볼 수 있는 것은 하나님의 말씀이다.

오늘 새벽 마태복음 15장 1-20절 그 말씀이 나를 얼마나 울게 하는지

내가 오늘 바리새인이 아닌가? 사두개인이 아닌가?

율법과 계명과 도덕에 얽매여 겉치레만 그럴듯하고 속 내면은 입술로는 나를 공경하나 마음에서는 나를 떠났도다 하신 말씀처럼

우리 하나님, 사람 마음의 생각과 중심을 보시는데 겉으로는 외식하는 자처럼

내면과 겉이 일체 되는 삶을 살기를 원합니다.

항상 나는 말씀 안에 사는 것이 얼마나 좋은지 드라마 연속극처럼 내일 새벽은 나에게 어떤 말씀으로 나에게 주실까 기대하며 기도하고 기다려 하나님의 기적 속에 날마다 살아간다.

내 자신을 돌아보고 얼마나 회개하고 울었는지 나의 형질과 체질을 아시고

새벽마다 새벽의 만나를 먹고 살게 하시고

날마다 나 자신을, 내 영혼을 돌아볼 수 있는 말씀의 거울 앞

에서 살게 하신 하나님 참 참 참 감사합니다.

2011년 8월 8일 월요일 새벽에

주 안에서 사랑하는
우리 목사님

사랑하고 존경하는 우리 목사님 장례식을 주님 은혜 가운데 마치고 그 이튿날 새벽에

이종영 목사님, 목사님! 목사님!
목사님! 다시 한번 불러봅니다. 전순봉 권사예요.
저는 성현교회가 첫사랑이고
우리 목사님이 첫사랑인 주의 사자
지난 31년 전의 나의 모습 그리며
목사님 모습 그려봅니다.
열정이 넘치시고 성령 충만하시고 훌륭하신 학자이시며
영혼을 사랑하는 그 모습이 눈에 아른거리며 나의 눈에서
눈물이 콧물이 흐르네요. 목사님!
어디서 왔다가 어디로 가는지
인생이 사는 목적이 무엇인지도 모르고
짐승 같이 살아왔던 나
첫째는 하나님이 나를 사랑하셔서 부르심의 은혜요, 하나님의 큰 은혜요.

선택하고 부르시어 하나님의 귀한 자녀로서 성령으로 인을 치시고 왕 같은 제사장으로 거룩한 하나님 나라 소유 된 백성으로 인생이 왜 살아야 하는가 내 안에 성령님께서 깨닫게 해주셨지만 그 목적을 알게 해주시고 잘 가르쳐주셨던 목사님!

삼십 년 전부터 내가 예수 믿고 건강해져서 너무 감사해서 하늘나라 가시는 날까지 목사님 생신, 스승의 날 너무 감사해서 감사의 편지와 작은 선물 보냈는데 이제 끝났네요. 목사님~ 내일모레가 목사님 생신인데, 11월 3일. 열흘 전부터 극동방송에 축하 메시지 보내야 제날짜에 들을 수가 있어 어제 보냈는데 오늘 하늘나라 가셨어요.

목사님! 하늘나라에서 들으세요. 그것도 끝이네요.

내 영혼이 병들었을 때 하나님 앞에 나가서 그런지 나는 목사님 모습만 봐도 은혜받고 마음의 평안을 느끼고 귀한 말씀으로 나를 양육해서 여기까지 믿음의 성숙에 이르게 해주신 것 너무 감사해서 극동방송 기독교방송을 통해서 우리 교회도 자랑하고 훌륭하신 이종영 목사님도 자랑하고 우리 하나님도 기쁘게 해드리고 우리 목사님도 기쁘게 해드리고 싶어서 그 은혜 보답하고 싶어서⋯ 먼저는 하나님께 감사하구요. 잘 가르치고 인도해주신 목사님이시기에 스승의 날이면 감사편지 작은 선물도 30년 만에 막을 내렸네요.

목사님! 목사님! 슬프고 눈물이 나네요.

나를 너무 사랑하셨는데… 나를 너무 사랑하셨는데…

목사님 그동안 고생 많이 하셨어요.

목사님 그동안 감사했어요.

목사님 그동안 얼마나 힘드셨어요.

목사님 그동안 심적, 육적으로 병마와도 싸워야 되고 얼마나 힘드셨어요.

목사님, 이제 눈물도 없고 고통도 없고 아픔도 없고 주님의 사랑만 평안만 있는 좋은 나라 하나님 나라 가셨네요.

우리 목사님 선교의 꿈과 비전 마음으로 원하셨던 모든 것 다 내려놓고 하나님 나라 가셨네요.

목사님! 이제 평안하시죠? 평안히 쉬세요.

목사님이 생명 바쳐 눈물로 헌신하며 사랑했던 우리 주님이 목사님을 기다리신 듯 벌떡 일어나셔서 두 손으로 우리 목사님 안아주시며 사랑하는 나의 종아~! 내가 너를 사랑한다. 그동안 수고 많이 했다, 고맙다 하시면서 금빛 나는 면류관 씌워주시네요.

멋있어요. 목사님!

장례식 감사로 로마서 8장 28절 "하나님을 사랑하는 자 그 뜻대로 부르심을 입은 자들에게는 모든 것이 합력하여 선을 이루느니라"

지나고 나면 이것까지도 하나님의 은혜더라, 그렇게도 더웠던 여름 날씨 피하고 바람 불고 추웠던 날 피하고 오늘의 날은 어찌 그리 좋은지요.

가을 단풍들은 저마다의 옷을 갈아입어 자랑하고 마지막을 아름답게 장식하는 가을의 단풍들이 아름다운 옷으로 갈아입고 가을 날씨가 좋아서 시원한 바람에 뭐가 그렇게 좋아서 흔들거리며 춤을 추듯이 좋아하고 있어요. 알고 보니 가을 단풍도 우리 목사님 하늘나라 가시는 데 환송하는가 봐요.

목사님 그렇지요?

36년 전 개척 당시 같이 신앙생활하신 분들 한 분도 빠짐없이 다 오셨네요.

목사님의 많은 제자들 보고 싶은 얼굴들 그리워했던 얼굴들 다 오셨어요.

목사님도 아시죠?

만나게 해주시고 보게 해주시고 다들 얼싸안고 잠시나마 우리를 기쁘게도 해주셨네요.

우리 사모님도 힘들지만 사랑받으시려고 사모님 앞에 먼저 가셨네요.

옛날부터 우리나라 사람들은 부인 앞에 남편이 먼저 가는 것이 복 받은 거라고 들은 것 같아요. 아쉽고 마음이 아프지만 그것도 감사로 생각해야겠죠?

사모님이 먼저 가셨으면 목사님은 더 외로웠을 거예요.

그리고 마지막 납골당까지 수많은 성도들의 환송받으며 가시는 곳까지 다 뒤를 따라가는 모습 보고 저는 우리 목사님 참 복 많이 받으신 분이구나 생각했죠.

생명 바쳐 선교하시고 영혼 사랑하시더니 우리 하나님 우리 목사님 얼마나 사랑하셨기에 수많은 주의 백성들이 이렇게 다 따라와서 끝까지 안치될 때까지 눈물로 환송하며 교회에 와서 위로예배까지.

장례식 마치고 감사의 눈물로 이 글을 쓰고 있다.

사랑하는 목사님

존경하는 목사님

좋아하는 목사님

훌륭하신 목사님

다 예수 안에서의 사랑과 존경 이 사랑은 영원하리라

장례식 마치고 그 이튿날

가을비가 오네요. 날씨도 너무 섭섭한가 봐요.

날씨도 목사님 생각하니까 마음이 안 좋은가 봐요.

날씨도 비 눈물을 흘리네요.

참 감사하네요.

감사의 눈물인가 봐요.

아픔도 고통도 없는 하늘나라 좋은 나라 가셔서

날씨도 감사의 눈물로 기도하나봐요.

목사님 사랑합니다.

이젠 우리 목사님의 명 설교 영성과 지성이 넘치고

참 학자이신 너무 훌륭하신 존경스러운 그 말씀은 듣지 못할
것 같아요.

그것이 너무 너무 아쉬워요.

그 영감 넘치는 찬양 소리 우렁찬 찬양 소리

이젠 들을 수가 없어요. 그것이 안타까워요.

목사님 주 안에서 사랑합니다.

주 안에서 사랑하는 제자 전순봉 권사

언제 갈지 모르지만 저도 갈 거예요.

그때 뵈어요 목사님.

우리 주님과 행복한 날만 있으시겠네요.

우리 남편 박무환 집사 만나보셨죠?

사랑하는 딸 은우, 우리 성도들 다 만나보셨죠?

그럼 안녕히 계세요. 다시 만나는 그날까지.

장례식 마친 그 이튿날 새벽에

2011년 10월 29일

전순봉 권사 올림

마지막을
더 아름답게 하소서

마지막을 더 아름답게 예수의 향기로 옷 입게 하소서.

마지막을 더 아름답게 장식하는 단풍처럼

저마다 좋아하는 아름다운 색깔로 갈아입고 오는 사람 가는 사람 바라보며

활짝 웃고 있는 단풍들

나도 처음보다 나중이 더 아름다운 믿음이 되게 하소서.

하나님, 우리 주님 보시기에 더 아름다운 믿음 되게 하소서.

나보다 믿음 약한 성도 믿음 없는 사람들에게

하나님의 살아계심을 간증하며 증거하는 삶이 되게 하소서.

내가 떠나도 내 자리가 더 아름답고 예수의 향기가 남게 하소서.

예수의 사랑 남게 하소서.

모든 것을 다 하나님 영광 위해 살게 하소서.

마지막이 더 아름답게 하소서.

2011년 11월 12일 새벽에

무릎이 너무 아파서
다리를 뻗고 예배할 때

감사의 눈물로 영광

내 영혼이 주님을 사랑하나이다.

내 영혼이 주님을 바라보나이다.

내 영혼이 갈급하기에

주의 말씀이 내 마음의 내 영의 양식이기에

주의 말씀이 내 마음의 생명이기에

새벽의 만나를 먹고 사는 나이기에 갈급하나이다.

나는 하나님 말씀 사모하고 기다려지는 드라마 같기에

오른쪽 다리가 오므려지지 않기에 아버지 죄송해요. 한쪽 다리 뻗고 예배하고

두 다리 펴고 기도하는데 우리 아버지가 나를 얼마나 사랑하는지

그래, 뻗고 기도하라 사랑의 위로 때문에 얼마나 울고 감사했는지

뻗고라도 예배해야지 뻗고 기도해야지 우리 아버지의 그 사랑에 얼마나 울었는지 집에 오면서까지 울었다.

눈물은 하나님께서 주신 고귀한 선물이다.

눈물 속에 기적이 있고, 치료가 있고, 응답이 있기에
눈물은 하나님께서 주신 고귀한 선물… 감사해서~

2012년 3월 29일 새벽기도 마치고

내가 바라바였구나

나는 오늘 왠지 무거운 마음으로 새벽기도를 갔다.

환경을, 상황을 보면 하나님이 나를 사랑하지 않는 것인가 무거운 마음을 가지고…

우리가 신앙생활하다 보면 때로는 이럴 때가 한 번씩 있다.

'그러나'… '그러나'가 더 중요하다.

디모데전서 6장 6절 "그러나 자족하는 마음이 있으면 경건은 큰 이익이 되느니라"

주의 십자가를 바라볼 때 나는 죄인임을 깨닫게 된다고 수없이 말씀도 들었고 언젠가 내가 바라바라는 것을 깨달았다. 내가 바로 바라바, 바라바 강도는 풀어주고 예수님을 십자가에~

나는 십자가를 바라볼 때 내가 강도였고 내가 살인자였고 내가 음란한 자였고 죄인 중에 죄인인데, 내 대신 우리 주님께서 십자가를 지시고 내 죄 값을 다 치러주신 주님 모습이 내 눈에 보인 듯했다.

얼마나 울었는지 마음에 평안과 천국의 기쁨을 다시 회복시켜 주셨다.

언젠가 내가 바라바라는 것을 깨달으면서부터 나는 주님 앞에 죄인임을 깨닫게 되었다.

나 같은 죄인 살리시고 구원해주시고… "그가 찔림은 우리의 허물 때문이요 그가 상함은 우리의 죄악 때문이라 그가 징계를 받으므로 우리는 평화를 누리고 그가 채찍에 맞으므로 우리는 나음을 받았도다 우리는 다 양 같아서 그릇 행하여 각기 제 길로 갔거늘 여호와께서는 우리 모두의 죄악을 그에게 담당시키셨도다(이사야 53: 4-6)". 이 말씀을 혼자 읽으며 얼마나 울었는지 너무 너무 감사해서 감사의 눈물로 집에 와서도 십자가의 찬송 부르면서 얼마나 울었는지 감사의 눈물로 나 위해서 십자가를 대신 지신 주님, 나도 주님 위해 십자가와 부활만을 자랑하며 증거하리라.

다시 기도하며 감사하는 오늘 새벽 천국의 기쁨을 누리며 235장 천국을 소망하며 기쁨으로 이 찬양을 눈물로 감사하며 얼마나 기쁜지 이 기쁨, 이 감사 넘어질 때마다 내 손 잡아주시고 다시 감사 구원의 감사 회복시키시고 기쁨 주시고 평화 주시고 이 감사로 나는 세상과 자신과 환경을 날마다 이기고 살아간다.

마음의 기쁨 평안 감사 없는 사람은 새벽마다 주님 앞에 나아가 기도해보세요.

사랑의 하나님, 사랑의 우리 주님, 그 큰 십자가의 사랑 체험하실 겁니다.

오늘은 목요일 전도하는 날, 때를 얻든지 못 얻든지 주님의
명령 순종해서 씨 뿌리러 가는 날, 목요일 사랑하는 우리 전도
팀원들 오늘도 건강 주시고 주님의 능력 힘입어 하나님의 자녀
로서 예수님의 이름의 권세를 가지고 세상으로 나아갑니다.

오늘도 예수 십자가와 부활만을 증거하는 삶이 되게 하소서.

십자가와 부활의 능력만 전하게 하소서.

2013년 5월 9일 목요일

하나님이
다 보고 계신다

내가 너무 힘들 때도

내가 너무 약할 때도

내가 너무 힘들어 허우적거릴 때에도

내가 사망의 음침한 골짜기를 갈 때도

우리 하나님 다 나를 보고 계신다.

그분이 보시고 찾아오셔서

우리를 거기서 건져내신다.

우리를 건져내시고 참 평강과 평안을 주신다.

광풍과 풍랑이 찾아올 때도

그때 나를 찾아오신다.

오늘도 나를 바라보고 계신다.

예수님 소망을 가지고 찬송가 488장 찬양을 부르면서…

이 몸의 소망 무언가 우리 주 예수뿐일세

우리 주 예수 밖에는 믿을 이 아주 없도다

주 나의 반석이시니 그 위에 내가 서리라 그 위에 내가 서리라

2013년 1월 2일 새벽예배

사사기 말씀

요즈음 사사기를 말씀하신다.

우리 담임목사님 이진우 목사님 말씀과 기도의 능한 사자로 세워주셨다.

참 말씀의 능력이 있던 우리 목사님

집에서 미리 말씀을 읽고 갈 때도 있다.

이 말씀으로 어떤 요리를 만드실까?

어떤 은혜를 주실까? 기다리는 마음, 사모하는 마음으로 간다.

기가 막히다 주의 말씀의 맛이 어찌 그리 단지요.

'내 입에 꿀보다 더 다니이다'라고 고백 고백하며 감사하며 그 말씀 먹고 나는 세상, 환경, 자신을 이기며 살아가고 있다. 나의 약함을 아시고 새벽제단에 불러주심에 다시 한번 감사하며 새벽마다 주시는 그 진미 그 맛…

오늘 새벽은 사사기 14장에 삼손과 딤나의 여자가 나오는 장면 중에서…

삼손은 세상 사람과 구별된 나실인이다. 우리도 삼손과 같은 세상 사람과 구별된 성도다.

구원받은 성도들에게도 아픔도, 괴로움도, 억울함도, 유혹도

똑같이 찾아올 수 있다. 그러나 결정적인 순간에 나와 함께 하시고 합력하여 선을 이루시는 하나님이시고, 여호와는 나의 힘이시며 요새시며 방패시며 나의 목자시기에 꼭 이기게 하시고 승리케 하신다.

얼마나 감사한지 얼마나 새 힘이 되고 위로가 되고 마음의 감사와 평안과 기쁨과 힘이 되는지 오늘 새벽에 우리 하나님 나를 얼마나 사랑하시는지 너무 감사하다. 감사의 눈물로…

그 기도로 시작하며 그 감사의 기도는 오늘 새벽에도 나에게 기도제목 주신 분들을 기도하며 새 힘 받아서 새벽길을 새벽 공기를 스치며 마시며 오늘도 힘 있게 새벽기도 다녀와서 이 글을 쓰고 있다.

2013년 10월 4일 금요일 새벽

사랑하는 우리 시어머니
장례식 마치고 어머니께

꽃 피는 3월 마지막 주일 아침 99세에 주님 손 잡고 천국에 입성하셨네요.

어머니! 큰아들, 사랑하는 막내아들, 일찍 먼저 천국에 보내고 가슴에 묻고 얼마나 우셨는지 나는 잘 알아요.

교회 요람 속에 있는 막내아들 사진 속에 깨끗한 헌금 준비해 놓고 교회 가실 때마다 먼저 저희 집에 들러 오손도손 이야기하다가 사진 속에 있는 아들 얼굴 만지면서 얼굴 쓰다듬으면서 1초도 안 걸리는 순간에 눈에서 쏟아지는 눈물 콧물 수돗물 튼 것처럼 몇 년이 지났어도 얼마나 우셨는지 나는 알아요.

옆에서 나도 마음이 찢어지게 아팠어요. 얼마나 울었는지 몰라요.

그때를 생각하며 또 눈물로 이 글을 씁니다.

얼마나 보고 싶을까? 얼마나 그리울까

누구한테도 말 못 하시고…

어머니! 생각하면서 나도 얼마나 울었는지 몰라요.

막내아들 천국에 간 지 벌써 14년이 됐네요.

14년 만에 아들 보러 가시네요. 좋으시겠어요.

막내며느리 예수 믿고 하나님만 의지하고 아들들과 잘 살고 있다고 안부 전해주세요.

어머니 그렇게도 보고 싶고 그리웠던 아들 만나셨네요.

사랑하는 주님 품 안에 먼저 안기시고 보고 싶은 아들 만나셨네요.

막내며느리가 아들 만남을 축하드립니다.

언젠가 우리도 나도 남은 후손도 어머니의 뒤를 따라가겠습니다.

어머니! 그때 그날 아침 천국에서 만납시다. 주님 품 안에서 평안히 쉬십시오.

아들 먼저 천국 보내고 부모의 마음, 그 마음 너무 며느리가 짠해서 나를 너무 너무 사랑해주셨던 우리 어머니!

어머니! 천국에서 만납시다.

그때까지 안녕히 계십시오.

장례식 마치고 막내며느리가

2014년 3월 마지막 주일 아침

2014년 첫 주 헌금시간
특송 은혜받고

주 안에서 존경하고 사랑하는 우리 장로님들

첫 주 헌금 시간 우리 장로님들의 특송 모습에 너무 은혜를 받아 우리 하나님께 감사의 글을 올립니다.

강단 앞에 가득 메워 예수 사랑으로 하나 되어 그 크신 하나님의 사랑 찬양하시는 그 모습 너무 아름답고 얼마나 멋있게 보이는지 나는 감동의 눈물과 감사의 눈물로 하나님께 감사했다.

우리 장로님들 너무 훌륭하세요. 너무 너무 훌륭하세요. 인품도, 성품도 한 분 한 분의 그 착하신 심성, 온유하시고 배려하시고 주의 사랑으로 충만하여 순종하시는 그 모습들, 그 사랑 그 배려 너무 멋지고 너무 감사해요.

장로님들의 훌륭하신 그 마음과 그 모습에 새벽 제단에 엎드려 눈물로 기도했지요. 우리 교회 1대 목사님 예수 안에서 사랑하는 우리 고(故) 이종영 목사님 하늘나라 가시고 우리 훌륭하신 장로님들이 예수 사랑 한 맘 한 뜻 되어 우리 교회를 아름답게 세워 가시는 그 맘 그 모습 위해 감사기도 안 할 수가 없네요.

우리 장로님들 가정과 생업 위에 직장 위에 축복해 주시라고 진실함으로 기도했지요. 이 모든 것이 우리 하나님 은혜요 나의 첫사랑인 우리 성현교회를 사랑하기 때문입니다.

우리 장로님들 한 분 한 분이 얼마나 귀하시고 멋진지 오늘 장로님들 너무 멋졌어요. 장로님들 새해도 건강하시고 계속 교역자들과 중직자들과 평신도에 이르기까지 우리 서로 예수 사랑으로 하나 되어 우리 성현교회를 세워 가시는 멋진 장로님들, 오늘 특송에 은혜받았어요.

감사합니다. 예수 안에서 존경하고 사랑합니다.

전순봉 권사 올림

눈물과 아멘으로(계 7:9-17)

전능하신 하나님 아버지 은혜를 감사합니다.

지난밤에도 평안케 잘 자게 하시고 이 새벽에도 깨워주시고 은혜 주시고 인도해주셔서 오늘도 새 날을 주셔서 주의 전에 나와 예배와 기도할 수 있는 특권 주심을 감사합니다. 주의 사자 우리 이진우 목사님을 세워주시고 귀한 말씀의 능한 사자로 세워주심을 감사합니다. 우리 목사님 항상 강건케 하시고 날마다 말씀 준비하시고 선포하실 때 성령의 지혜가 충만케 하옵소서.

우리 목사님 가정 건강과 평안 주셔서 우리 목사님 사역에 부족함이 없도록 가정에 축복해 주옵소서.

요한계시록 7장 13-14절 "장로 중 하나가 응답하여 나에게 이르되 이 흰 옷 입은 자들이 누구며 또 어디서 왔느냐 내가 말하기를 내 주여 당신이 아시나이다 하니 그가 나에게 이르되 이는 큰 환난에서 나오는 자들인데 어린 양의 피에 그 옷을 씻어 희게 하였느니라"

믿음을 지키며 살 때 매일 매 순간 믿음으로 이기고 견디고 참고 인내하며 내 자리와 내 위치 나에게 주신 사명 참고 이 직분

지킬 때 끝까지 견딜 때 영광스러운 보좌 앞에서 흰 옷을 입을 그날을 생각하며 눈물로 감사드린다.

나의 죄를 어린양의 피로 깨끗하게 씻어 희게 하심을 감사해서 얼마나 아멘 하며 울었는지 모른다.

낙심과 절망과 핍박에도 한 번도 대항하지 않고 눈물로 기도하며 축복하며 그 영혼 불쌍히 여겨주소서라고 축복기도 하였더니 중심을 보시는 우리 하나님 아버지가 나를 사랑하시기에 감사와 평안으로 응답하시는지 그 은혜 감사할 뿐이다.

2014년 11월 3일 새벽기도

우리 친정엄마 장례식을
마치고 감사의 글

하나님 아버지 감사합니다. 하나님나라 입성케 하시고 주님 품으로 불러주심 감사합니다. 엄마!! 생각하니 다 감사한 것뿐이네요.

이 세상에서 가장 아름다운 두 글자, '엄마'

엄마! 엄마! 이젠 불러도 대답이 없고

우리 엄마 나의 엄마 참 훌륭해요.

엄마의 영정사진 너무 너무 선하고 예쁜 모습

평안하게 자녀들을 바라보고 계시는 그 모습

생각할수록 상상할수록 우리 주님 품 안에서 안식하는 그 모습 상상이 되는 그 사진 자꾸 자꾸 보고 싶어요.

엄마의 평안하고 예쁜 그 모습 선하고 인자하신 해맑은 그 모습

두 다리가 골다공증으로 넘어져 부러져서 수술하고 맘대로 걷지 못하셨지만 하나님 말씀으로 믿음으로 잘 이겨내시고, 믿음으로 승리하셔서 우리 주님 품 안에 안기셔서 평안을 누리고 계시는 우리 엄마 훌륭하세요.

믿음으로 잘 견디고 이겨내시고 하나님 영광에 참여하시어 평

안한 그 모습 우리 엄마 나도 우리 엄마처럼 믿음으로 승리해서 그때 그날 아침 천국에서 만나요. 주님 저를 불쌍히 여기시고 저를 사랑해주세요.

사랑하는 우리 엄마, 천생 여자, 얌전하시고 묵묵히 자녀를 사랑하시고 아끼시고 음식솜씨 바느질 솜씨, 밝고 깨끗하고 고우신 우리 엄마

우리 엄마 사진 속에 남아있는 그 모습 다시 그리며 천국에서 우리 주님과 영원한 기쁨, 평안함 그 아픔 속에서도 잘 견디고 이기셨어요. "믿음으로"

그렇게도 하나님나라 가고 싶어 하셨던 우리 엄마

얼마나 기다리셨는지 어떻게 준비하셨는지 나는 잘 알아요.

이젠 고통도 아픔도 눈물도 한숨도 걱정도 없는 기쁨과 감사와 찬양만 넘치는 좋은 나라 믿음으로만 갈 수 있는 나라

엄마! 천국본향 가셨네. 우리 6남매 형제자매들도 엄마 믿음 뒤를 따라 본받아서 우리도 예수 믿고 구원받아 다 천국에서 만나자

2015년 8월 16일 주일 아침

사랑하는 우리 엄마 장례식 마치고

큰딸이

하나님과
삐지지 않는 사람

우리 아버지께서 가장 기뻐하시는 믿음은 어떤 믿음일까?

쉽게 나오는 대답은 순종이라 생각된다.

그런데 나는 얼마나 하나님 말씀에 순종할까?

극동방송 어떤 목사님의 말씀 중에 큰 은혜와 위로를 받았다.

믿음 좋은 사람은 누구일까?

헌금 많이 내는 사람? 봉사 많이 하는 사람? 헌신 많이 하는 사람? 그런 분도 믿음이 좋은 사람이다.

그러나 더 좋은 사람은 하나님과 삐지지 않는 사람이라 하셨다. 무슨 말일까?

어떠한 환경과 상황 속에서도 믿음으로 이기며 견디며 날마다 변함없이 하나님 앞에 나오는 사람.

큰 시험당해도, 속상해도, 나의 기도에 응답이 없어도, 그리하지 아니하실지라도, 하나님 앞에 자꾸 자꾸 잘 나오는 사람, 삐지지 않는 사람 하나님 앞에 나오는 사람, 원망하지 않고 대항하지 않고, 나는 하나님 앞에 나오지 않고는 못살기에 하나님 앞에 나오는 사람 "삐지지 않는 사람" 시편 말씀에 "하나님을 가까이함이 네게 복이라"

나는 큰 위로를 받았다. 큰 은혜를 받았다. 하나님 아버지 앞에 항상 죄송하고 부끄럽고 순종 못 해 미안했는데 지금까지 몇십 년을 삐진 일은 몇 번 없는 것 같다. 삐질 때도 있었다. 그러나 내 영혼이 갈망하기에 삐질 수가 없었다.

왜? 내가 어떻게 예수 믿게 되었는지 나는 알기에 주 없이는 살 수 없기에, 삐질 수가 없다. 말씀 먹지 않고 듣지 않고 기도 없이는 한순간도 살 수 없기에, 나는 삐질 수가 없었다.

그리하지 아니하실지라도 주신 사명 주신 직분 잘 감당케 하옵소서. 주신 은사 달란트 품위 있고 질서 있게 잘 감당케 하소서. 다시 한번 감사드립니다. 그래도 나는 하나님 앞에 삐지지 않게 하옵소서라고 기도했다.

친정 우리 엄마 아버지가 나한테 뭐라 해도 시부모가 나를 뭐라 해도 자주 가서 뵙기만 해도 우리 부모님 좋아하듯이 우리 하나님 아버지도 그러한 아버지신가 보다. 자주 우리 하나님 아버지 앞에 나아가자.

기도의 응답이 없어도 상황, 형편, 속상함, 원망 등을 믿음으로 이기고 견디어 나를 천국으로 인도하시는 영원한 생명 주신 우리 주님 앞으로 나아가자.

큰 위로 받고 감사해서 이 글을 적어봅니다. 하나님 영광 받으소서.

2016년 2월 25일

하나님 아버지 영광 받으소서

낫 놓고 겨우 기역 자만 아는 나 같은 것을 세워주시고 주님의 쓰임받는 일꾼 되게 하심을 진심으로 감사하며 감사합니다.

어디 가든지 이 소리 들을 때마다 감사하며 눈물로 감사합니다.

선한 이미지 선물로 주심을 진심으로 감사합니다.

세상과 나는 간 곳 없고 우리 하나님 우리 주님 홀로 영광 받으소서.

이 딸의 간절하고 진실한 맘입니다.

에베소서 4장 7절 하나님 아버지의 말씀

우리 각 사람에게 그리스도의 선물의 분량대로 은혜를 주셨나니

좋은 선물 주신 아버지 다시 한번 감사합니다.

좋은 은사와 달란트 주심을 감사합니다.

전도할 때 새 가족을 만나서 대화를 나누자면 좋은 말 들을 때마다 나는 다시 한번 감사의 눈물로 하나님께 영광을 돌린다. 나 같은 것을, 나 같은 것을…

어디서 왔다가 어디로 가는지도 모르고 짐승 같은 나를 선택

하여 부르시고 부르심의 합당한 일꾼 삼으시고 짐승 같은 나를 인생의 살아가는 목적을 알게 하시고 깨어지기 쉬운 질그릇 같은 나를 살리시고 예수 그리스도의 보배가 내 안에 계시니 어디 가든지 존경받고 사랑받고 이 모든 것이 우리 주님의 은혜 하나님 아버지의 사랑과 은혜가 아니던가.

우리 아버지 하나님께 영광과 감사를 올립니다.

세상과 나는 간 곳 없고 주님 홀로 영광 받으소서. 이 모든 것이 주님의 은혜로구나 주님의 사랑이구나.

"나 같은 죄인 살리신 그 은혜 고마워" 찬양을 부르면서 하나님께 영광과 감사를 올립니다.

2016년 10월 7일 새벽에 기도하면서 감사의 눈물로

미역국 감사

감사의 조건이 날마다 많아지게 하신 하나님 감사합니다.

작은 것, 적은 것에도 감사 주님의 은혜요 미역국 감사

미역국 한 가지 먹으면서 감사

새벽기도 마치고 돌아오면 6시 20분 30분쯤 될까.

새벽에 일어나 일찍 영의 양식 너무 너무 맛있게 먹고 와서 집에 오면 또 육적인 배가 고파 나는 밥을 먹는다. 오늘따라 왠지 더 미역국에 밥 말아 먹는데

어찌나 맛있던지 내 입에선 내 마음에선 감사가 터져 나온다.

미역국 하나에 감사하고 하나님께 영광 올렸다.

작은 것에 감사하게 하신 하나님께 감사합니다. 이 감사로 내 영혼 촉촉하게 적셔주셔서 메마르지 않도록 작은 것, 적은 것 감사로 살게 하소서.

2017년 3월 8일 새벽기도 마치고 와서

동산의 샘,
생수의 우물

새 가족 봉사하면서 많은 은혜를 받습니다.
사랑하는 귀한 가정 보기만 해도 은혜가 됩니다.
우리 성현교회는 동산의 샘, 생수의 우물 흐르는 시내 (아 4:15)
진리 위에 세워주신 오직 진리만을 파수하는 교회
천국 일꾼 양성하고 세계선교 앞장서는 우리 교회
예수 사랑으로 충만한 우리 성현교회

우리 교회는 하나님 중심 말씀 중심 내용 있는 교회 일당백의 장로님들 한 분 한 분 너무 훌륭하시고 겸손하시고, 어디 가나 우리교회 장로님 같으신 분들 있을까? 사랑 많으신 우리 장로님들, 우리 권사님들, 우리 집사님들 우리 성도님들 얼마나 좋은지…

하나님 아버지, 저는 또 새 가족 섬길 때 얼마나 행복한지 얼마나 좋은지 얼마나 감사한지 제게 주신 이 은사, 품위 있고 질서 있게 아름답게 잘 감당하게 하소서. 세상과 나는 간곳없고 오직 우리 주님만 영광 받으시고 감사의 눈물로 기도합니다. 하나님 아버지 감사합니다.

2017년 5월 13일 아침

룻기서 읽고

1. 유다땅 베들레헴 흉년이 찾아와서
   엘리멜렉 나오미는 모압으로 내려갔죠
   내려갔던 나오미는 고통 많이 찾아와서
   주 떠난 죄 회개하고 베들레헴 가렵니다.

2. 오르바야 내 딸 룻아 네 갈 길로 어서 가라
   네 가는 길 주님 평안 넘치기를 원하노라
   큰며느리 오르바는 제 갈 길로 갔건마는
   사랑하는 내 딸 룻은 십자가를 택하였네.

3. 어머님 돌아가라 강권하지 마옵소서.
   어머님 가는 곳에 나도 따라가렵니다.
   어머님의 하나님이 내 하나님 되시오니
   그 길만이 구원의 길 생명 길로 가렵니다.

4. 언약의 땅 약속의 땅 돌아온 나오미는
   하나님의 사랑만이 나를 감싸주시네

절망뿐인 나오미는 기쁨으로 회복했네

사랑하는 나의 주님 나의 고백(사랑해요)

5. 사랑하는 내 딸 룻아 너는 나의 심복이라

  내 생명의 회복자며 내 노년의 봉양자요

  사랑하는 내 딸 룻은 보아스와 한 몸 되어

  사랑의 열매로 주신 귀한 아기 품에 안고

  하나님께 영광 기쁨으로 영광 감사 올립니다. 영광 받으소서.

지나고 나면 이것까지도
하나님의 은혜더라

로마서 8:28 "합력하여 선을 이루시는 하나님"

안 되는 것 같고

아닌 것 같고

이것 아닌데

저건 아닌데

내가 왜 그랬을까?

지나고 났더니 그것까지도 하나님의 은혜였더라.

하나님 안에서는 버릴 것이 없고

주님 안에서는 감사 아닌 것이 없더라

지나고 났더니 이것도 하나님의 은혜였더라.

모래와 자갈과 시멘트와 물과 합하여질 때

어느 누구도 뗄 수 없는 단단한 돌같이 되거든

괴로움과 낙심과 실패와 역경과 고난과 어려움과 힘듦과

기쁨과 감사와 평안이 다 어우러져 선을 이루어내듯

지나고 나면 이것까지도 하나님의 은혜였더라.

예수 안에서는 버릴 것이 없고 지나고 나면 이것까지도

다 하나님의 은혜라고 감사의 고백의 열매를 맺는다고

지나간 생을 살면서 느끼고 체험하고 성령 하나님께서

깨닫게 하시고 이 은혜가 나에겐 얼마나 감사한지

안 되는 것 같으세요?

힘든 것 같으세요?

잘못 결정한 것 같아 후회하세요?

모든 것이 지나고 나면 아 아

이것마저도 하나님의 은혜였구나.

감사의 고백이 마음 깊은 곳에서부터 나와 나오는 나의 찬양
소리

지금까지 지내온 것 주의 크신 은혜라 이 찬송 받으소서.

2017년 5월 26일 금요일 아침

구원의 감사

감사의 힘, 마음의 감사가 있을 때

행복을 여는 열쇠는 감사

나 자신을 이기는 것도 감사

세상과 환경 이기는 것도 감사

믿음을 지키고 견디는 것도 감사

감사할 때 마음의 평안이 있고

감사할 때 사랑이 있고

감사할 때 기쁨이 있고

감사할 때 치료도 있고

감사할 때 용서도 있고

감사할 때 원망도 미움도 없고

감사할 때 마음에 평안이 있어

나는 이 감사로 살기에

어려움, 힘듦, 고통 다 이길 수 있는 힘이 생긴다.

그 힘은 감사의 힘, 나 같은 것 창세 전에 예정하시고

때가 되어서 불러주시고 너는 내 딸이라 성령 하나님

인치시고 깨어지기 쉬운 질그릇 같은 나

낫 놓고 기역 자만 아는 나

짐승같이만 살아왔던 나

부르시고 거듭나게 하시고

회개하고 믿음을 주시고

의롭다 칭하시고 하나님의 자녀로 인쳐주셔서

날마다 날마다 말씀으로 성화 거룩하게 하시고

나를 끝까지 견인해 가시고 구원의 서정 아홉 단계로

부활 영화에 단계 이르기까지 구원해 주심을 감사합니다.

나는 감사의 힘으로 산다.

우리 하나님 나를 사랑하시기에

감사할 수 있도록 저에게 감사의 선물 주신 하나님 감사합
니다.

2018년 2월 23일 아침

하나님의 시간표

하나님의 사랑과 계획으로 짜낸 시간표

우리 남편 하늘나라 가기 전, 지금부터 20년 전

주로 사용했던 말 '누구 돌아가셨대 누가 죽었대' 하면 하나님
의 책에 써 있다고, 너는 언제 오라고 언제라도 부르시면 다 내
려놓고 가야 한다고, 하나님의 시간표대로… 지금 생각해보면
우리 남편 집사님 말씀이 생각이 난다.

누가 뭐라 해도 우리가 아무리 몸부림쳐도 내가 그 시간표 바
꿀 수 없네.

하나님의 놀라운 사랑과 계획으로 이뤄가시기에

합력하여 선을 이루시고 지나고 나면 이것까지도 하나님의 은
혜였기에

그 시간표 나는 바꿀 수 없구나

나에 대한 놀라운 사랑과 계획

우리 모두에 대한 하나님의 사랑과 계획으로 짜낸 그 시간표

오늘이라도 부르시면 다 내려놓고 갈 수밖에 없는 나와 너

정직하고 진솔하게 있는 모습 그대로 거짓 없이 순결하게

어린아이와 같이 신앙생활하게 하옵소서

　신앙생활, 삶 속에 예배의 삶, 행함 없는 믿음은 죽은 믿음이라고 하나님의 말씀 묵상하며 오직 하나님만 믿고 바라보며 믿음으로 승리하게 하소서.

　예레미야 29장 11절
"여호와의 말씀이니라 너희를 향한 나의 생각을 내가 아나니 평안이요 재앙이 아니니라 너희에게 미래와 희망을 주는 것이니라"

2018년 5월 26일 아침에

내게 주신 하나님의 선물

은사는 하나님의 은혜로 주신 선물이라 했다.

각자 주어진 은사와 달란트를 품위 있고 질서 있게 잘 선용하여 하나님께는 영광이요 우리에게 나에겐 기쁨의 삶이 되게 하소서.

손가락 10개가 다 다르듯 우리 몸에 지체가 다 다르듯 각 사람에게 주신 은사와 달란트, 세미하고 자상하신 나의 하나님

주님의 몸 된 교회 아름답게 이뤄 가시려고

적재적소에 맞게 주신 은사대로 세워주심 감사해서요.

지난날의 감사 생각하면서 이 글을 적어본다.

나같이 부족하고 어리석고 미련한 것을 선택하여

새가족부를 섬기면서 봉사할 수 있는 은혜 주신 하나님

나는 너무 감사하다 처음엔 새신자부 지금은 더 정이 가고 사랑이 간 새가족부

새가족부 봉사하면서 나는 많은 은혜를 받고 하나님께서 나와 함께 하심을 체험도 했다.

주일날이면 너무 행복했고 나의 상황을 보면 행복이 무엇인가 할 수도 있지만 주일날 주옥같은 말씀으로 은혜받고 처음 오신

분들 챙기고 봉사하고 사랑하고 힘들 땐 만나서 서로 기도하고 하나님 말씀도 나누고 나는 기도했다.

'하나님 저는 남편 하늘나라 간 지 5년 되고 없어요. 나 언제라도 새벽 1시도 2시도 괜찮으니까 아무 때나 제가 필요하면 불러주세요.'라고…

우리 하나님 너무나도 나를 사랑하셔서 새벽 2시에도 아기 낳으러 간다고 전화 와서 밤새 병원에 가서 있다가 6시 넘어서 올 때도 있었다. 나는 너무 감사했다.

나 같은 것을 사랑하시는 주님 때문에…

새가족부 봉사한 지 지금 10년 넘어 15년 가까이 되지만 나는 그래도 감사하고 너무 좋았다. 이 모든 것이 다 하나님의 은혜요 사랑이었다.

나는 그렇게 하는 것이 더 행복하고 은혜를 받는다. 새 힘을 주시는 하나님 사랑 체험하기에 일을 다녀오면서 들러 기도해주고 보살피고 위로해주고 오면 얼마나 기쁜지 우리 하나님 냉수 한 그릇도 내 이름으로 주면 그 상을 잃지 않고 갚아주신다는 하나님 말씀 나는 많이 많이 체험했다.

더 누르고 흔들어 넘치도록 주시는 나의 하나님의 사랑을 지금까지 느낀 점은 새가족분들이 오셔서 많은 은혜를 받는다. 그런데 1년 못 가서 꼭 시험이 찾아와서 힘든 것을 종종 보았다.

그럴 때 중학교, 고등학교에서 대학교 가려면 꼭 시험을 통과해야 한다고 이번 시험 이기면 담엔 잘 통과할 수 있으리라고 위로하며 기도할 때 넉넉히 이기고 하는 것 보고 나는 또 은혜를 받는다. 너무 감사하다.

오늘 새가족부에서 봉사하며 나에게 주신 이 은사 이 달란트 잘 감당하게 하옵소서. 주님 주신 은혜로 사랑으로 내게 주신 이 귀한 선물 하나님 앞에 가는 날까지 잘 감당케 하소서.

지금까지 은혜 주신 하나님 너무 감사해서

이 은사로 나 자신과 환경을 믿음으로 잘 이기게 하시니 감사합니다.

끝까지 잘 견디고 믿음으로 승리케 하시고

모든 영광 주님 홀로 받으소서. 아멘

다 지나가게
하시더라

찌는 듯한 무더위 가마솥더위. 2018년의 여름, 백십일 년 만의 무더위라 한다.

그래도 우리 하나님의 사랑은 쓰러지지 않고 넘어지지 않게 하시려고 40도 가까이는 왔지만, 40도는 넘지 않았다.

때로는 넘어질 때도 쓰러질 때도 있었지만 내 손 잡아주시고 다시 일으키시는 나의 하나님의 사랑을 다시 한번 깨닫는다. 하나님의 자녀이기에 다시 한번 깨닫고 감사한다.

나는 땀이 줄줄 흐르는 사람을 볼 때 때로는 부러워할 때도 있다.

2018년도의 여름은 길을 걸어가도 일하면서도 땀이 줄줄 흐른다.

날마다 이러한 무더위라면 어떻게 살까? 사계절 주신 하나님 다시 한번 감사하고 어제까지만 해도 땀이 줄줄 흐르고 밤에 잠도 못 자고 에어컨 바람에 머리도 아프고 얼굴도 붓고 무릎도 아프고 그럼에도 불구하고 건강 주셔서 하나님께 감사하고 우리 하나님 너무 멋있어요.

어제가 말복, 옛 어르신들이 말복이 지나고 나면 아침 저녁 시원하다는 그 말씀들이 생각난다.

오늘 새벽기도 가는 길은 가을 향기가 물씬 풍기듯 얼마나 시원한지 하루 사이에 가을의 시원한 바람과 함께 걸으며 우리 하나님 사랑에 다시 한번 감사했다

너무 더워 못 견딜 정도 가마솥더위도 우리 하나님의 때에 넘어가게 하시고, 지나가게 하시는구나 지난날의 우리 하나님 사랑을 되새겨보며 묵상해본다.

아무리 어려워도 힘들어도 고난의 터널은 지나가게 하시더라.

다시 한번 무더위 속에서 하나님의 사랑을 깨닫는다. 하나님의 때에 하나님의 방법대로 하나님의 시간표대로 지나가게 하시고, 건너가게 하시고, 넘어가게 하시고~

그 사랑 깨닫고 오늘 새벽길은 가을을 맞이하라는 시원한 바람에 젖어 아~ 시원하다 감탄하며~ 이 순간 모든 것 다 잊고 오늘 새벽길은 우리 하나님께 감사와 감동의 물결치는 내 마음으로 하나님 감사합니다, 기도하고 새벽길을 스치며 마치고 돌아오는 길 내 방에 와서 너무 감사해서 이 글을 적어본다. 주님! 감사합니다. 사랑합니다. 가마솥더위 지나가게 하시고 건너가게 하시고 시원한 가을바람을 맞이하는 가을의 향기가 내 마음을 적시는구나.

2018년 8월 말복 지난 그 이튿날 새벽기도 마치고

예수 안에서
바보처럼 살자

예수 안에서 바보처럼 사는 것이 더 행복하고 마음의 평안이 있다.

예수 안에서는 지는 것이 이기는 것이다. 속상해도 따지지 말고 논쟁하지 말고 기도로 하나님께 아뢰며 우리 주님께 눈물로 기도할 때~ 우리 하나님 다 보고 계시고 알고 계시기에

이래도 웃고 저래도 웃고 바보처럼 사는 것이 마음에 평안이 있기에

나는 때로는 바보처럼 산다. 그러나 내가 할 때면 안 된다. 나는 할 수 없다.

내가 살아있으면 안 된다. 내가 죽어야 된다.

우리 하나님의 영이 내 안에서, 우리 하나님의 사랑이 내 안에서 나를 만져주시고 그 사랑 주실 때만이 바보처럼 살 수 있다.

나는 바보가 아니기에 우리의 왕 대장 되신 예수 그리스도 우리 하나님께서 사랑하는 존귀한 딸이기에 우리 아버지가 나를 사랑해주시기에 예수 안에서 바보처럼 사는 것이 참 형복이다.

성령 충만 안에서만이 바보처럼 살 수 있다. 나는 하나님의 존귀한 딸이기에~

2018년 9월 13일 아침

2018년 에벤에셀 기도회
"감사의 눈물"

진정한 감사, 이진우 목사님 새벽마다 영의 양식, 오늘 새벽도 역대기에서 맛있게 만들어 양 무리들에게 공급해 주시는 말씀, 목사님 감사합니다. 새벽 맛의 진미 그 맛은 먹어본 사람만이 알 수가 있다.

추수감사절 일주일 앞에 놓고 여기까지 도우신 에벤에셀 하나님.

우리 하나님의 사랑을, 우리 하나님의 은혜를 손꼽아 하나하나 세어보니 내 눈에선 눈물 콧물이 주르륵 주르륵 쏟아지는구나. 감사의 눈물도… 이 글을 쓰면서도 두 눈에선 감사의 눈물이 주르륵.

사람이 보기엔 저 권사는 무슨 감사가 있을까 그러한 사람도 있을 것이다.

그러나 나는 하나님 은혜로 살기에 하나님의 은혜로 여기까지 왔기에 이래도 감사, 저래도 감사, 나는 오늘까지 믿음의 감사로 하나님 은혜로 살아왔기에…

기쁜 일 좋은 일 행복한 일만 있는 것은 아니다. 꽃길도 있고 가시밭길도 있기에 지난달과 지난날도 어려웠던 일, 속상했던 일도 있었지만 나의 부족하고 연약한 내 모습 이대로 마음의 무릎 꿇고 우리 아버지 하나님께 기도하고 아뢰면 우리 하나님 주시는 평안 순간순간 고비 고비마다 믿음의 감사로 넘어가게 하고 지나고 나니 이것도 은혜였구나.

오늘 새벽 역대하 13장 5절 말씀, 새로운 것을 발견했다.
"이스라엘 하나님 여호와께서 소금 언약으로 이스라엘 나라를 영원히 다윗과 그의 자손에게 주신 것을 너희가 알 것 아니냐"
소금의 언약, 영원히 변치 않는 언약 백성이 된 것 너무 감사했다. 지금도 이 구절을 쓰면서 한없이 울고 싶어 울면서 이 글을 적고 있다. 나는 부족하고 하나님의 영원히 변치 않는 소금의 언약 백성, 언약 그 얼마나 감사한가 얼마나 축복인가.
하나님 아버지! 지난날의 감사 손꼽아 세어봅니다. 너무 너무 감사하네요. 오늘 새벽기도 마치고 돌아와 조용한 내 방에서 감사의 마음을, 우리 하나님께 감사의 글을 적어본다.
에벤에셀 하나님 감사합니다. 임마누엘 하나님 감사합니다.
이 모든 영광과 감사를 받으소서.

2018년 11월 13일 새벽기도 마치고

복음 전함의 기쁨

오늘은 주님의 날, 나는 주일이 기다려지고 사모하고 나로서는 참 행복한 날이다. 오늘은 나에게 어떤 말씀으로 나에게 주실까. 영의 양식 말씀 먹고 찬양하고 기도하고 사랑하는 우리 성도님들 만나고, 우리 새가족들 형제자매 만나고, 주일날이면 나는 행복하다.

오늘 어느 집사님의 부탁을 받았다. 찬양예배 끝나고 아산병원에 좀 가자고, 복음을 전할 사람이 계시다고. 나는 주저 없이 기쁨으로 기도하며 그 길을 나섰다. 하나님 감사합니다. 나는 가면서 마음속으로 기도했다.

'하나님! 그분의 마음을 움직여 마음의 문 열고 예수님 영접하시기를 성령 하나님 역사해 주옵소서.'라고 기도했다. 병원이 좀 멀어서 반쯤 가는 중에 좀 피곤하고 나른해졌다.

새벽 4시부터 일어나 온종일 있다 보니 육신을 가진 사람이라서 나는 기도했다.

'하나님 아버지 저 피곤치 않게 해 주세요. 복음을 전하러 갑니다. 하나님 먼저 가셔서 그분의 마음 문 열어주세요, 그분에게 은혜를 주세요.'라고 기도하며 새 힘 받아 기쁨으로 갔다.

병실에 들어간 순간 마음의 문을 열고 기다리고 계셨다. 지금은 100세 시대, 너무 고우시고 감성도 풍부하시고 우울증 스타일이 조금도 없는 사람같이 보였다. 얼마나 반갑게 대해 주시는지 마음에 문을 활짝 열고 복음을 받아들이기로 기다리고 계신 것 같았다. 우리 성령님의 역사를 보았다.

아~ 어느 누가 그 영혼을 위해 기도했기에 새벽마다 그 영혼을 위해 기도하는 사람이 있었기에 성령 하나님 역사하셨다. 아멘~ 할렐루야~ 하며 나는 우리 하나님께 너무 감사했다. 머리 끝에서 발끝까지 모든 피로가 눈 녹듯이 사라지고 감사와 기쁨 너무 좋았다.

그분은 우울증으로 너무 많이 힘드셨다고 하셨다. 마음의 병으로 힘든 삶이다. 누구보다도 나도 그 삶을 좀 살았기에 대화 중에 나와 공통점이 있었다. 처음 만났는데도 오래된 것처럼 마음이 통하고 친해진 느낌이다. 우울증은 다른 약이 없다. 나도 예수 믿기 전에 잠깐 우울증이 있었기에 그때부터 십자가와 부활 예수 믿는 길뿐이었다고 전했더니 마음 문 여시고 우리 구세주 예수님 영접하셨다. 우리 하나님은 인격적인 살아계신 하나님이시기에 억지로 내 마음에 안 오십니다. 내 마음에 문 활짝 열고 모셔들일 때만이 내 안에 오십니다.

요한계시록 3장 20절

"볼지어다 내가 문밖에 서서 두드리노니 누구든지 내 음성을

들고 문을 열면 내가 그에게로 들어가 그와 더불어 먹고 그는
나와 더불어 먹으리라"

영접기도 따라하시고 아멘 하시고 너무 마음이 편안하다고 좋
아하셨다. 영접기도 끝나고 나는 그분을 위해 기도했다. 죄 용
서받고 영원한 생명 영생의 복 받고 지금은 담석 때문에 잠시
입원하셨고 내일모레 수술하신다 하셔서 수술 잘 되게 기도했
다. 퇴원하면 우리 교회도 한 번 오시고 앞으로 하나님 믿기로
하시고 우리는 기쁨으로 병실을 나왔다.

이 글을 읽으시는 누구든지 마음이 항상 불안하고 우울증으로
고생하시는 분들이 있으시면, 다른 길이 없습니다. 오직 예수
믿는 길뿐입니다. 우리 예수님은 베드로의 고백처럼 살아계신
하나님의 아들이십니다.
우리 예수님 영접하고 믿기로 작정하면 환경엔 변화 없어도 먼
저 마음에 평안이 있습니다. 구원의 감사가 있습니다. 기쁨이
있습니다. 어려움 환난 모든 시험 이기고 승리하게 하십니다.

요한삼서 1장 2절
"사랑하는 자여 내 영혼이 잘됨같이 네가 범사에 잘되고 강건
하기를 내가 간구하노라"

먼저는 하나님과의 관계, 성도 간의 관계, 이웃 간의 관계가 잘 이루어질 때 하나님 중심의 삶을 살게 되고 평안한 삶이 되는 것 같다. 자다가 깨어보니 새벽 3시 17분, 갑자기 이 글을 쓰고 싶어서 쓰고 있다. 새벽기도 가라고 알람시계가 울린다. 가자! 영혼의 양식 하나님 말씀 먹고 기도하고 오늘 하루도 믿음으로 승리하게 하소서. 이 모든 영광과 감사 하나님께 올립니다. 이 모든 것이 우리 주님의 은혜입니다. 홀로 영광 받으소서.

2018년 11월 26일 새벽 3시 17분에

저물어 가는 한 해

하나님 아버지, 올해도 나흘 앞두고 저물어갑니다. 오늘 여기까지 은혜 주시고 인도하신 하나님 감사합니다. 연약한 형질과 체질을 아시는 하나님, 새벽마다 주시는 영의 양식 하나님 말씀 먹고 건강 주신 하나님!

하나님 말씀 안에서 구원의 감사와 구원의 감격으로 믿음 안에서 기도하게 하시고 올 한해도 이기게 하시고 견디게 하시고 믿음으로 승리하게 하신 나의 하나님 감사와 영광을 올립니다.

오늘 겨울의 찬바람을 찬 공기를 스치며 새벽길을 가는 내 발걸음은, 내가 사랑하는 우리 주님 만나러 가는 발길은 가볍기만 하구나 사랑하는 주님 앞에 나아가 아버지 저 왔어요. 오늘도 어떤 말씀을 내게 주실지 기대하고 기도합니다.

지난밤에도 평안 주셔서 단잠 자게 하시고 오늘 새벽 첫 시간을 주님 전에 나와 예배할 수 있도록 은혜 주시고 깨워주시고 인도하신 하나님 감사합니다. 오늘도 하나님 말씀 대언하실 우리 목사님 건강 주시고 날마다 말씀 준비하실 때 성령의 지혜 충만케 하시고 오늘 새벽도 준비하신 말씀 선포하실 때 하나님의 기이한 말씀 깨닫게 하옵소서. 삶 속에서 적용하게 하옵소서. 우리 목사님 가정 은혜로 채워주옵소서.

하나님 아버지 우리 자녀들 억만금 수만금 앞에서도 악인의 길 죄인의 길 불의한 길 오만한 길 걷지 않도록 성령 하나님 강권적으로 붙들어 주시고 하나님 영광을 위해 살지언정 하나님 영광 가리지 않고 수치 당하지 않도록 지켜주옵소서.

오늘도 차를 가지고 오토바이를 가지고 자전거를 가지고 나가도 하나님 아버지 앞뒤 좌우를 지켜주옵소서. 우리 성현의 가족들도 앞뒤 좌우를 지켜주옵소서. 오늘 새벽도 이렇게 기도하고 오면 얼마나 마음이 평안한지 우리 주님의 평안은 세상 평안과 다르기에 새벽마다 주시는 하나님의 말씀 안에서 얼마 남지 않은 2018년 올해도 믿음의 감사와 기쁨으로 이기게 하신 하나님 은혜에 너무 감사해서 이 글을 쓴다.

2018년 12월 28일 새벽기도 마치고

구원의 감사와 감격의
눈물이 메마르지 않게 하소서

나 같은 죄인 살리신 그 은혜 놀랍고 고마워요. 지금까지 지내온 것을 손꼽아 세어봅니다. 우리 주님의 은혜로구나. '나는 여호와로 인하여 즐거워하고 기뻐하리로다' 하박국 선지자 말씀이 고백이 되게 하시니 감사 감사합니다.

구원의 감사가 있을 때 마음에 평안이 찾아오고, 구원의 감사가 있을 때 어려운 환경도 상황도 이기고, 건너가고, 감사의 눈물이 나를 여기까지 오게 하셨구나. 구원의 감사의 눈물 감격의 눈물 메마르지 않게 하소서.

주님 앞에 서는 그날까지 감사의 눈물과 감격의 눈물로 찬양하게 하소서. 기도하게 하소서. 주님께서 부르신 소명 의식, 내게 선물로 주신 사명 의식을 가지고 잘 감당케 하소서.

구원의 감사 믿음의 감사로 찬양합니다.

주님 정말로 감사해요. 주님 감사합니다.

이 감사가 없었더라면 내가 어떻게 오늘 여기까지 왔겠습니까?

믿음의 감사 구원의 감사로 주님께 찬양하며 눈물로 감사드립니다.

하나님의 은혜 너무너무 감사 이 모든 영광을 받으소서.

시편 37편 23-24절
"여호와께서 사람의 걸음을 정하시고 그의 길을 기뻐하시나
니 그는 넘어지나 아주 엎드러지지 아니함은 여호와께서 그의
손으로 붙드심이로다"

2019년 1월 10일 새벽기도 마치고 돌아와서

내게 있어 가장 큰
축복과 기적은

　내게 있어 가장 큰 축복은 예수님 믿는 것, 영원한 생명을 주셨기에 내게 있어 가장 큰 기적은 예수님 만난 것, 항상 나와 함께하시기에 내게 있어 가장 큰 축복과 기적은 예수 믿고 구원받은 것, 예수님 내 안에 계시기에 기뻐할 수 있고, 감사할 수 있고, 어려움도 이길 수 있고, 시험을 참을 수도 있고, 논쟁하지 않고 배려할 수 있고, 성령님 내 안에 계시기에 맹인이 눈뜨는 것도, 병 고침 받는 것도 큰 기적이지만, 더 큰 기적은 나 같은 죄인 구원해 주시고 예수님을 나의 구세주로 구원자로 고백하게 하시고, 시인하게 하시고, 증거 하게 하시고, 예수 자랑하게 하시고, 하나님의 자녀의 권세를 주셨으니 이외에 어떻게 큰 축복과 기적이 있으랴.

　하나님나라의 상속자로 세우시고, 내가 가야 할 나의 본향 천국을 향하여 오늘도 예수 그리스도 푯대를 향하여 내게 주신 큰 축복과 기적을 안고

　주님! 주님!

　연약한 믿음 견고히 세워주옵소서.

　기도하며 나아갑니다.

요한1서 5장 13절

"내가 하나님의 아들의 이름을 믿는 너희에게 이것을 쓰는 것은 너희로 하여금 너희에게 영생이 있음을 알게 하려 함이라"

아멘~

2019년 3월 1일 목장예배 다녀와서

가장 아름답고 행복한 길

가장 아름답고 행복한 길은 무엇인가?
잠언서에 보면 "가산이 적어도 여호와를 경외하는 것이 크게 부하고 번뇌하는 것보다 나으니라"(잠 15:16)라고 말씀합니다.

내가 오늘 여기까지 온 것은 전적인 하나님의 은혜입니다.
우리 인생이 어디서 와서 왜 살며 어디로 가는지 생각해보셨습니까?
지금 인생의 희망도 목적도 없이 무작정 살아가십니까?
세상에서 방황하지 말고 예수님 만나보세요.

이 세상에 태어난 모든 사람은 예외 없이 죄인입니다(롬 3:23).
그런데 죄의 삯(값)은 사망(롬 6:23)이며

죽은 후에는 반드시 심판이 있습니다(히 9:27).
그 심판의 결과는 영원한 지옥의 형벌입니다(막 9:48-49).

그렇다면 죄로부터 구원받는 것이 모든 인간에게는 절대로 필
요합니다.
많은 사람들이 인간의 노력과 고행과 선행으로 구원받으려고
하지만
인간의 노력과 선행으로는 절대 죄 문제를 해결할 수 없고 구원
받을 수도 없습니다.

그런데 죄 문제를 해결할 수 있는 유일한 길이 있습니다.
바로 예수 그리스도이십니다.
예수 그리스도만이 사람의 죄를 해결할 수 있는 유일한 분이십
니다.

하나님은 이 세상을 사랑하셔서 그의 아들 예수 그리스도
를 이 세상에 보내셔서 우리의 죄를 대신하여 십자가에 죽
게 하심으로 우리의 죄 값을 담당케 하셨습니다. 이 예수님
은 장사지낸 바 되셨다가 삼 일 만에 다시 살아나셨습니다.

우리가 죄로부터 구원받을 수 있는 길은

이런 예수 그리스도를 '나의 구주'로 믿고 영접해야 합니다
(요 1:12).

다음과 같이 기도하심으로 예수님을 영접하실 수 있습니다.

　예수님, 저는 죄인입니다. 저의 죄를 용서해 주세요.
　예수님께서 나의 죄 때문에 십자가에서 대신 죽으시고 삼
　일 만에 부활하신 것을 믿습니다. 지금 마음의 문을 열고
　예수님을 나의 구주로 영접합니다.
　영원한 생명을 주시고 하나님의 자녀로 삼아주심을 감사합
　니다.
　나의 모든 삶을 인도해주세요. 예수님의 이름으로 기도합
　니다.

예수님을 믿고 영접한 자에게는 풍성한 축복이 있습니다.

모든 죄를 용서받고 하나님의 자녀가 되며 영원한 생명과 하나
님 나라를 상속받게 됩니다.
뿐만 아니라 평강과 소망과 감사와 기쁨으로 살 수 있고
기도함을 통해서 모든 문제들을 해결받을 수 있습니다.

예수님만이 길이시며, 예수님만이 진리이시며, 예수님만이 생
명이십니다.
예수님 만나면 무미건조하던 삶이 풍요로운 삶이 되고
예수님 만나면 행복한 삶이 시작됩니다.

이 책이 나오기까지 저와 함께하신 하나님께서
모든 영광 받으시고
이 책을 읽으신 모든 분들에게
하나님의 은혜와 사랑이 함께하시길 기도합니다.